时代的见证者

摹状奋斗者的足迹，
讲述不一样的中国故事

陈润 著

ZHEJIANG UNIVERSITY PRESS
浙江大学出版社

序言

一

历史总是在循环往复中螺旋上升，但每段历史都具有不可替代性，无法复制。变革总是在潜移默化中酝酿和发生，但总有一个关键时刻，改变是天翻地覆的，影响一个国家、民族甚至全人类的未来。

1978年就是这样的关键时刻，也是一个值得纪念的伟大年份。12月18日到22日，中国当代史上最重要的会议之一——中国共产党第十一届中央委员会第三次全体会议召开。会议形成了以邓小平为核心的第二代中央领导集体，中心议题是"把全党的工作重点转移到社会主义现代化建设上来"。这意味着中国进入改革开放的时代，重新回到世界舞台。

小岗破冰、深圳春潮、海南热土……改革开放的浩荡浪潮从农村到城市，从特区、沿海席卷全国。从引进资金、技术、管理到"三来一补""两头在外"，再到加入世界贸易组织，全面参与全球化，拥抱互联网，一代又一代中国人风雨兼程，昂首前行。中国不断融入世界，世界也在重新认识中国。正如习近平总书记所说："改革开放这场中国的第二次革命，不仅深刻改变了中国，也深刻影响了世界！"[①]

1978 年以前，中国是一个与世界经济"绝缘"的封闭经济体，高度集中的计划经济体制运行 20 多年后，中国经济已陷入泥潭。从数据来看，1977 年的国内生产总值是 1952 年的 4.74 倍，人均生产总值是 1952 年的 2.86 倍。[②] 从民生来看则很不乐观。1977 年全国职工人均住房面积为 3.6 平方米，比 1952 年减少了 0.9 平方米[③]；1976 年全民企业职工的平均年工资是 605 元，比 1965 年下降了 47 元[④]；1958 年到 1978 年，城镇居民人均收入增长不到 4 元，农村居民则不到 2.6 元[⑤]。这个古老的国家民生多艰，社会动荡，迫切呼唤一场改天换地的大变革。

40 年风云激荡，波澜壮阔。从 1978 年到 2018 年，中国的外汇储备从 1.67 亿美元增长到 3 万多亿美元，连续十多年位居世界第一；中国的国内生产总值增长 224 倍，总量突破 90 万亿元，占全球经济的比重从 1.8% 提高到 15%，中国成为全球第二大经济体；全国城镇居民人均可支配收入从 343 元增加到 39000 多元，农村居民人均可支配收入从 134 元增加到 14600 多元；2018 年《财

---

① 引自习近平总书记在博鳌亚洲论坛 2018 年会开幕式上的主旨演讲《开放共创繁荣 创新引领未来》，2018 年 4 月 10 日。

② 《熊猫公司成长记 共和国 65 年经济史》，张伟，管清友，等，《中国经济周刊》，2014 年第 38 期。

③ 《中华人民共和国经济史（1949—2012）》，郑有贵，北京：当代中国出版社，2016 年 10 月版。

④ 《中国物价五十年（1949—1998）》，成致平，北京：中国物价出版社，1998 年 8 月版。

⑤ 《社会主义核心价值体系的大众化》，陈静，北京：学习出版社，2014 年 12 月版。

富》世界 500 强名单中，中国企业数量达到 120 家，与榜首美国仅差 6 家。每一个人都能感觉到日新月异的变化，中国以前所未有的速度和实力重回世界舞台中心。

这份改革开放的成果来之不易。要知道，改革的本质是利益的重新分配，改革旧体制就意味着切割、剥离背后的利益集团，用更市场化的办法取而代之，其风险可想而知。改革开放是以市场经济的新体制将计划经济体制的内容冻结、封存，让它逐步衰落、消亡、被更替，实现平稳过渡，将风险降到最低。毕竟中国的改革开放史无前例，没有成功先例可供参考借鉴，只有实事求是，从实际出发，坚持求真务实，才能让改革的过程可控。

在过去 40 年间，中国就像一个巨大的试验场，人们在改革开放的鼓舞下热火朝天，豪情万丈。其中，企业家是创造历史的推动力量。经济学家约瑟夫·熊彼特把现代商业定义为以"永不停止的狂风"和"创造性的破坏"为特征的经济系统，中国企业家与改革开放共同成长的过程恰恰符合这个描述，他们在改变命运的同时也参与、推动了大国崛起与经济腾飞。

辉煌中有暗淡，喜悦中有辛酸，创业路途中有无数次喧嚣与宁静、挣扎与沉沦的镜头交替出现，这才是成功背后的真相。透过鲜活生动的故事，汲取向上不屈的力量，才能理解这个从无到有的阶层，理解中国改革开放 40 年。

二

"一个时代有一个时代的主题，一代人有一代人的使命。"在这用光荣与梦想写就的 40 年里，时代浪潮一浪接着一浪，每次波涛汹涌时，总有一群弄潮儿傲立潮头。

1968—1977 年："史前"创业家的大冒险

这段时期中国正处于"文化大革命"的动荡之中，社会环境和经济状况复杂多变，吴仁宝、何享健、鲁冠球等农村能人为了填饱肚子，或者解决乡亲、街坊的就业问题，以社队工厂的名义办起小作坊，年广久则凭借炒货手艺发家致富。他们在担惊受怕、如履薄冰的情况下完成最初的资金积累和市场开拓，从农民成长为企业家。

1978—1983 年：野蛮生长

"春江水暖鸭先知"，改革开放的春风吹化冰河，勇敢者大胆试水，小岗村 18 位村民"包田到户"是农民的自救之路，温州"八大王"富甲一方是个体户的商业成就。四川刘氏兄弟和李书福当时都很年轻，原可能有更好的前程，却都在创业浪潮中纵身下海。那是一个野蛮生长的年代，只要敢于抓住机会，就有可能获得成功。

1984—1986 年：公司化运营

邓小平南下视察鼓励一批人下海创业，无论是柳传志、张瑞敏还是王石，都对管理有粗浅的认识，对企业运作并不陌生，不管是"贸工技"还是"技工贸"，都有一套理论去指导实践。马胜利更是经营管理高手，缔造了"一包就灵"的改革神话。从农村到城市，承包经营依然适用。

1987—1991 年：走出体制的"企业家"

1987 年，"企业家"这个名词第一次在中国出现，一些不甘心在体制内被束缚拳脚的人下海创业。有意思的是，他们都善于将毛泽东思想运用于企业管理之中。宗庆后和史玉柱都从事过营养品或保健品行业，他们不约而同在营销中采取"建立农村根据地，农村包围城市"策略，获得竞争优势。任正非学习"艰苦奋斗"的作风，王健林强调"三大纪律、八项注意"的军人作风。

1992—1997 年："92 派"与大时代

1992 年是改革开放的又一个春天，也是新一波下海潮的开端。一大批知识分子、社会精英离开体制投身商界。他们纷纷南下，赴广东，闯海南，在改革热土上施展抱负。"万通六君子"是"92 派"的代表，俞敏洪、熊晓鸽是知识分子创业的典型，董明珠从销售起步打拼事业，奥运冠军李宁依托健力宝创业经商。他们是大时代的参与者，也是受益者。

1998—2008 年：互联网时代

1998 年是"中国互联网元年"，一大批具有大学学历甚至海归背景的创业者将互联网引入中国。新浪、网易、搜狐、腾讯、阿里巴巴、百度、京东群雄争霸，到后来 BAT（百度、阿里巴巴、腾讯）三足鼎立。"免费模式"大行其道，"眼球经济"深受欢迎。当然，终归是帮助用户降低成本、提高效率者笑到最后。无论时代如何变幻，价值规律和商业本质从来未变。

2009—2012 年：转型升级中重新崛起

在世界性金融危机、全球化、移动互联网三大浪潮的侵袭之下，中国企业陷入前所未有的惶恐和迷惘之中，一切经验失效，已无榜样可学，危机四伏。张近东害怕被电商颠覆，郭台铭的富士康深陷内忧外患，姚劲波和李想则属于看准时代机会勇敢换赛道的尝试者。他们都曾经获得过成功，如今转型再战，依然勇往直前。

2013—2018 年：新经济颠覆者

2013 年之后，无论是中国经济趋势还是互联网格局，都发生了翻天覆地的变化，一切企业都是互联网企业，但新时代已不再是互联网巨头的天下。雷军率先抓住消费升级的机会，程维重构中国人的出行方式，王兴围绕生活方式不断扩张，张小龙携微信"笑傲江湖"。时势造英雄，这些人注定是为激情的变革年代而生的。

可以说，中国企业家群体是在风雨飘摇的动荡年代中诞生，在风雷激荡的改革开放大潮中成长，在高歌猛进的新世纪里飞跃。40 年来，中国企业家群体的成长史与社会进步、改革开放、经济转型的进程一脉相承，每一代企业家、创业者都奉献出青春和才华，肩负起责任和使命。40 年的改革开放史是一部勇敢追求理想而坚忍不拔、勇往直前的奋斗史，是一部推动社会进步而开拓进取、与时俱进的开放史，是一部引领商业进步而艰苦奋斗、变革创新的创业史。

通过企业家的枯荣起落、喜乐悲欢，可以清晰地看到中国人的整体经济生活状态，而本书记述的企业家、经济学家、文学家、科学家的故事，则充分证明：改革开放的历史是一部思想解放史。所有的沉浮与激荡，光荣与梦想，无不证明改革开放仍是中国前进的方向。

三

我从2008年开始投身财经写作，在激动与失落、成就与煎熬的交替往复中，不觉间已走过10年。坦白说，写作是一种孤独的坚守，我所涉足的企业史范畴更考验操守与人格。每到痛苦艰困的时刻，我就会翻阅百看不厌的案头书，读几段文字，激发灵感。

美国作家威廉·曼彻斯特的《光荣与梦想》（两卷本）很厚，他精彩描述哈里·杜鲁门当选总统的句子，我倒背如流："他三步两步冲上台阶，两只睾丸撞得叮当乱响。"财经作家吴晓波的浪漫情怀和诗人气质令人着迷，他在《跌荡一百年》里写民国大商人："他们穿越百年风尘，身着青衫，面无表情，正砸响门环。"我也像吴晓波一样将李普曼视作偶像和标杆："我们以由表及里、由近及远的探求为己任，我们去推敲、去归纳、去想象和推测内部正在发生什么事情，它昨天意味着什么，明天又可能意味着什么。"甚至还涌动强烈的时代使命感，如时政作家凌志军在《联想风云》中所写："这不只是一个人和一个企业的历史，也是一个国家和一个时代的历史。"

这四位先行者都是我的写作榜样，我的作品中也时常可见类似风格。我就这样以无知无畏的勇气和理想主义的情怀，完成华润（专题图册）、戴尔、美的、联想（合著、主笔之一）、用友、卓尔等著名公司的企业史写作，采访了一大批家喻户晓的企业家，还有很多怀抱理想、勤勉奋斗的创业者。我甚至把视野瞄准国外，耗时四年磨出"全球商业史"系列（四卷本，分别为美国、日本、德国、法国商业史），写过《雷军传：站在风口上》《周鸿祎：人生就是不停的战斗》等企业家传记畅销书。可是，即便我能写出"睾丸撞得叮当乱响"的传神情节，饱含"砸响门环"的深情，也无法做到"探求、推测"后的百分百还原，更难承担记录"国家和时代历史"的责任。

理论与实践的验证融合，让我对中国商业变迁和改革开放有更深刻、更真切的认识。每次立足眼前、总结现在，都能与这场连续不断的大变革联系起来，40年前的改革热情并未降温。2018年，当深化改革的号角吹响，当年的故事依然具有现实意义。

在呼唤深化改革的同时，我也呼吁社会给予企业家、创业者更多宽容和尊敬。正是数以千万计的创业者奋勇争先，经过几代人拼搏进取，才成就中国成为全球第二大经济体的辉煌成就，让大国崛起的理想变成现实。当我们回望波澜壮阔的中国改革开放史，追忆1978年的那个春天，一定会被思想解放与创业精神的浪潮所感动。40年弹指一挥，历史浩然远去，历史就在眼前。

40年并不漫长，如今到了深化改革的时刻，尽管出发的口号与仪式似曾相识，可局面已千差万别，深化改革的难度和风险并未减少，争论与博弈仍未平息。历史虽远去，40年的成败得失依然镜鉴当今。检验改革真伪的标准，在于市场是否起决定作用，是否解放人的思想；而企业家群体的英雄主义和理想情怀，对今天的改革者依然是巨大的激励。

陈　润

2018年9月于北京

第一章 "史前"创业家的大冒险

第二章 野蛮生长

第三章　中国公司元年

第四章　走出体制的"企业家"

第五章　进击的"92派"

第六章　互联网时代

第七章　在新世纪重新崛起

第八章　新经济的颠覆者

第 一 章

"史前"创业家的大冒险

从 1966 年到 1976 年，中国爆发"文化大革命"，经济大环境变得严峻复杂，商业发展受限，企业家也没有基本的利益保障。

吴仁宝、何享健和鲁冠球都是从村办工厂起步，在晦暗不明的时代夹缝中生存和发展。第一代企业家群体文化程度普遍不高，大多是农村干部、能人，他们凭借胆识、组织能力和责任心脱颖而出，走出田间地头，成为市场经济的拓荒者，逐渐激发了企业家精神，培育了企业家才能。年广久则是个体户出身，凭借精明、胆识和手艺创造财富，却被时代洪流裹挟，在飘摇中历尽坎坷辛酸而无悔，是真正的"中国商人"。

与后来的企业家群体相比，第一代企业家对"政商博弈"的理解更生动、更深刻，也更珍惜这来之不易的大好局面。成为中国商业史上的"英雄"之后，他们总是谦虚地以"运气好"或"政策好"向世人解读自己的成功。

时至今日，他们当中的许多人已与世长辞，但他们的精神却激励着一代又一代创业者。

吴仁宝："天下第一村"缔造者

吴仁宝是中国最著名的农民之一，也可能是中国最富争议的农民之一。无论是受到赞誉还是非议，吴仁宝的一生都与中国改革开放、中国新农村建设紧密联系在一起。他不是改革的设计者，不是理论家，而是不断以实践验证理论正确性的一位"改革闯将"。

金无足赤，人无完人，这几年伴随吴仁宝去世，社会上有一些舆论和争议。可无论如何，他是一个敢于追求理想的人。他的理想就是让农民富起来，让农村好起来。他为此敢闯敢干，殚精竭虑。作为一位"改革闯将"，吴仁宝为后世提供了一种借鉴、一段启示，以及另外一种可能。

14 岁之前，吴仁宝给地主当长工，"白天放牛喂猪，早晚照顾地主家瘫痪在床的儿子。一年下来，可以赚到 40 斤米"[①]。1949 年新中国成立后，吴仁宝第一次分到 2.4 亩地。抗美援朝那年，他满腔热血去报名参军，虽然因为"严重的关节炎"未能如愿，但仍然带头捐粮支援前线。他事事争先，

---

① 《专访华西村长吴仁宝：实事求是最难》，赵佳月，《南方人物周刊》，2011 年第 40 期。

从不甘人后，插秧、割稻、挑泥等农活样样在行。

因为精明能干，热心积极，吴仁宝被驻村工作组关注，被任命为江阴县（今称江阴市）瓠岱乡（华西村前称）第三村村长、民兵中队长，后来被提拔为乡财粮委员兼会计，成为村民艳羡的国家干部。1957年，国家精简干部，吴仁宝主动回村担任高级社第一任党支部书记。1958年"大跃进""浮夸风"盛行，在一次报产量的"放卫星"会议上，亩产从2000斤、3000斤一路飞涨到10000斤，轮到吴仁宝，他却喊出"3700斤"，会场一片骚动。乡党委书记提醒他："产量高低是政治问题，也是党性问题，你再考虑考虑。"吴仁宝不为所动，主动要求公社在收割时到队里监督，"多收一斤我们宁愿挨饿，也多卖给国家十斤；少收一斤，你们补给我一斤就行啦"。此言一出，没人敢再说话。这段故事吴仁宝日后曾反复谈到，并感慨道："千难万难，实事求是最难。"

1960年，华西村遭遇自然灾害，粮食产量锐减，村民生活困难，对吴仁宝把余粮卖给国家的做法有些不满。吴仁宝也在反思，多次提出将公社分拆，减小规模，灵活管理，却未被批准。1961年10月，趁公社党委负责人外出，吴仁宝将公社拆分，华西大队从此诞生。据记载①，当时华西大队下辖10个生产小队，人口667人，耕地面积845亩，粮食亩产681斤，集体积累1764元，人均分配53元，欠债1.5万元，有12个自然村落。因为贫困，华西大队是当地有名的"讨饭村"。

为改变现状，吴仁宝带着大家平整土地，希望早日实现"社会主义新农村"。1964年2月10日，《人民日报》发表《大寨之路》，吴仁宝被

---

① 《专访华西村长吴仁宝：实事求是最难》，赵佳月，《南方人物周刊》，2011年第40期。

陈永贵的故事和精神所吸引,从大寨看到华西大队的未来。他拿着这篇报道在群众大会上朗读,鼓足干劲,平整1300多块田地,拉直40多条河沟。何凤寿回忆:"白天干了不算,晚上还要干;晚上干了不算,第二天天不亮就要下地。"华西大队由"吹牛大队"变成"做煞大队"(做煞,江阴话,意思是干得太苦)。

一年时间,华西大队的水稻亩产达到1050斤,人均收入增加40元,成为江阴县五个样板村之一。20世纪60年代,周边村子都是土砖草房,盖房要自己掏钱,华西大队却从1964年开始规划,统一拿出土地来建新瓦房,以旧房折价的方式分给村民,每户都分到一间50平方米左右的平房。1967年,吴仁宝到山西昔阳大寨参观学习,回村后带领群众建电站、修水渠。

吴仁宝

农业建设并不能满足吴仁宝改造家乡的雄心和热情。1969 年，吴仁宝在村里抽调 20 人，以村集体的名义贷款，偷偷办起小五金厂。在"文革"浪潮中，国家政策要求"农村人民公社、生产大队、生产队和社员一律不准经营商业"，吴仁宝的行为已经触碰底线。吴仁宝的四儿子，后来接替他担任华西村党委书记的吴协恩回忆道："当时可千万不能让外面知道，正是'割资本主义尾巴'的时候呢。"他说："田里红旗飘飘、喇叭声声，检查的同志走了，我们转身也进了工厂。为什么冒险搞工业？因为种田实在挣不到钱。当时全村人拼死拼活，农业总产值 24 万元，而只用 20 个人办的小五金厂，3 年后就达到了 24 万元的产值。"①

1975 年 4 月，吴仁宝在担任江阴县委副书记（同时兼任华西大队党支部书记）一年多之后，被提拔为县委书记（继续兼任华西大队党支部书记）。这一年，华西大队孙良庆的 12 岁儿子在河中溺亡，孙良庆悲痛绝望，吴仁宝劝说无果，提高嗓门道："你别哭了，我把我的儿子给你。"那年吴协恩才 11 岁，吴仁宝将他过继给孙家。7 年之后，孙良庆去世，孙家母女要吴协恩当女婿，可他已有意中人，不答应。吴仁宝毫不理会，一口答应下来，将吴协恩入赘给孙家。这段故事在华西村广为流传，村民都赞他"爱民如子"。

到 1978 年，华西大队已积累固定资产 100 万元，银行存款 100 万元，还存有 3 年口粮。当年整个江阴县的工农业总产值也只有几亿元。1978 年 12 月 8 日，《人民日报》头版头条以"农民热爱这样的社会主义"为题报道华西大队，同时配发本报评论员文章《华西的经验说明了什么》，这是

---

① 《回望"天下第一村"30 年之变　华西村民闷声发财》，《扬子晚报》，"改革开放三十年：那些人，那些事"专题报道，2008 年 4 月 28 日。

中国最权威的媒体对乡村最高层级的褒扬。华西大队从此名扬全国。1980年，华西大队工农业总产值突破1亿元，成为中国第一个"亿元村"。

1981年5月，吴仁宝因为在县直机关党员代表大会代表选举中落选，离开县委书记岗位，从此专任华西大队党支部书记（党委书记），直到去世。回顾人生经历，吴仁宝曾总结出四句话：50年代"听"，60年代"顶"，70年代"拼"，到80年代才"醒"。这显然是吴仁宝的谦虚说法，他的政治觉悟和商业思维在20世纪70年代就已经醒觉。80年代，吴仁宝开始从农村官员的政治角色向农民企业家的经济角色转变，华西大队也由"农业学大寨"的典型变成商品经济时代的榜样。

1983年，华西大队更名为华西村，名称变换是时代变革的写照，农村经济发展开始显现松绑的信号。这一年，吴仁宝用华西村集体所有的28万元资产创办华西药械厂，生产华西牌背负式手动塑料喷雾器，为即将到来的全国农业生产新浪潮提前布局。当时各地都忙着分田到户，搞土地承包，吴仁宝不仅把注意力从发展农业转移到"副业"上来，而且没有跟随集体资产分到每家每户的潮流，而是坚持利用集体经济发展工业。到90年代，许多国营企业和乡镇企业纷纷改制，吴仁宝依然不为所动，他后来解释"华西村的企业如果跟着别的地方搞的'转制'风走，由公变私，很可能会出现亿万富翁、千万富翁，但是也可能会出现弱势群体，两手空空"。这是吴仁宝走共同富裕道路的追求，也是其早年为实现"社会主义新农村"理想设定的底线。

吴仁宝善于把握政治脉搏。他只念过几年私塾，多年来却有个雷打不动的习惯：每天早晨准时收听中央人民广播电台《新闻和报纸摘要》，晚上七点准点收看《新闻联播》。这两个时段没人敢去打扰他。每次吴仁宝都能抢在政策出台之前应对，踩准时代变革的节点，对此他并无秘诀，全靠长年累月的"基本训练"。

1992年，吴仁宝敏锐的政治嗅觉为华西村带来了巨额财富。这年3月1日凌晨3点钟，也就是邓小平南方谈话精神以文件的形式下发的第二天，吴仁宝紧急召开党委会，下达任务"借钱吃足"，意思就是钱借得越多越好，原材料"吃"得越多越好。短短几天就筹集了几千万元现金，购买了上万吨钢坯、铝锭。吴协恩回忆："父亲判断中国将面临新一轮大发展，华西村要集中血本，抢占市场。"① 随着南方谈话的精神的贯彻传达，全国掀起经济建设高潮，原材料价格飞涨，6000多元一吨的铝锭三个月内涨到18000元。华西村的这次"投资"大获全胜，外界由此流传："吴仁宝开了一个会，赚了一个亿。"

1999年，华西村在深圳证券交易所挂牌上市，开创"村庄上市"的先河。2007年，华西村总资产超过160亿元，上缴利税8亿多元。此后，周边20个村陆续并入华西村，华西村的整体版图扩大到30平方千米，人口3万多，成为名副其实的"天下第一村"。

2013年3月18日晚上，吴仁宝因肺癌医治无效去世，享年85岁。一年之前，他在接受媒体采访时说："当一个村庄的名字和一个民族、一个国家紧密相连的时候，它所承载的，已不单纯是个体命运的沉浮，而是整个时代的生动缩影。"

中国可再有华西村，世上却再无吴仁宝。

---

① 《回望"天下第一村"30年之变 华西村民闷声发财》，《扬子晚报》，"改革开放三十年：那些人，那些事"专题报道，2008年4月28日。

年广久："中国第一商贩"的坎坷命运

因为多次被邓小平点名提及，年广久的名字被收入《邓小平文选》，第三卷注释第 43 条关于"傻子瓜子"的介绍是："安徽省芜湖市的一家个体户，他雇工经营、制作和销售瓜子，称为'傻子瓜子'，得以致富。"年广久是中国最早的百万富翁之一，因经商三次入狱，又三次被邓小平点名，其命运伴随我国改革开放和经济政策变化沉浮跌宕，他因而被称作"中国第一商贩"。

1937 年抗日战争全面爆发之际，年广久生于安徽省怀远县的一个小乡村。五六岁时家乡受灾，颗粒无收，父亲带着全家一路讨饭到芜湖，靠摆摊卖水果为生。从九岁起，年广久跟随父亲沿街叫卖，几年后父亲病逝，维持家庭开销的重担全部落在年广久的身上。他一直谨记父亲的教诲："利轻业重，事在人和。"他对人和善，行事坦荡，再加上勤劳，虽然做的是小本生意，但也够养家糊口。不料，他的人生并没有因此而平淡顺遂。

改革开放之前，年广久曾两次被抓入狱。1963 年，中共中央决定在全国范围内开展一次增产节约和"五反"运动,"反投机倒把"就是其中一项。当时做贩鱼营生的年广久被当作典型,以"投机倒把罪"被关进监狱,一年后才被释放。他除了做生意一无所长,重获自由后继续做起小本生意。不料,1966年,他因为卖板栗在"文革"动荡中被打成"牛鬼蛇神",被关押20多天。

两次入狱并未吓破年广久的"商胆",重获自由身后,他开始在县电影院门口卖水果,隔壁有个老头卖炒瓜子。两人混熟之后,年广久看老头年纪大,有时气闷喘不过气,就帮他生火、炒瓜子,老头在旁边指点,还教他包瓜子。第二天年广久炒了10斤瓜子卖了8斤,比老头卖得还快,此后,两人便搭伙一起干。

有一段时间政策严厉,年广久被迫转入"地下"。为了不被发现,他晚上七八点钟开始炒瓜子,一口气忙到次日凌晨,然后稍事休息,早上七点起床把瓜子包好,到人们中午下班时偷偷拿出去卖;下午再包,晚上等人们下班后他再偷偷卖。他一边招呼客人,一边留意有没有人过来抓他,整天提心吊胆。因为喜欢多送客人一点瓜子,加上淮北人常被人称呼为"侉子",时间长了,大家都叫他"傻子","傻子瓜子"的称号不胫而走。

1978年改革开放之后,年广久认为机会来了,打算大干一场。可是妻子不同意,非要和他离婚,最终,他只好同意把财产全部交给妻子,拉着板车出门创业。他对外公开说留下3000元,其实不止,"说多了也是怕她被人暗害"。1979年,年广久的炒瓜子作坊有12名雇工。1980年,年广久的雇工人数增加到110人,然而灾祸却随之而来。

按照当时"七上八下"的政策界线,雇工超过8人,雇主的身份就从"小业主"变身为"资本家"。"安徽出了个资本家叫年广久"的说法广为流传，围绕"年广久的做法算不算剥削"，全国引发了一场大讨论，时任中央农村政策研究室主任的杜润生把"傻子瓜子"问题的调查报告递给邓小平阅示，邓小平看完报告说了两句话："这些问题刚刚开始，我们不要匆忙，不要急于下结论，要看一看，放一放。"① 这是邓小平第一次评论"傻子瓜子"的问题。

风波过后，年广久干劲更足。虽然没有读过一天书，但他很有经营才能。因为社会上的模仿者、竞争者与日俱增，"傻子瓜子"的生意受到影响，年广久立即降价，原来2.4元一斤的瓜子直接降到1.76元一斤，利润只有1毛钱。别人都觉得他是个名副其实的"傻子"，做赔本生意，他的商业逻辑却是：一斤赚1块钱，一天只能卖100斤，只能赚100块钱；如果一斤赚1毛钱，一天能卖1000斤、10000斤甚至100000斤，薄利多销，利润自然丰厚。

如他所料，降价后门庭若市，消费者每天都排起三条队伍，一条队伍排50米以上，两条队伍100米以上。最多的时候，年广久一天能卖20万斤瓜子。1982年，他的财富已过百万元。当时钞票的最大面值就是10元，年广久装钱都用大麻袋，满屋子都是。家里藏的钞票沤到发霉，出太阳时就得用麻袋装着扛到院子里晾晒。有人提醒他："你胆子不小，这是什么日子？你不要头了！"② 这种担忧不是无谓的，年广久再次大祸临头。

① 《年广久：蹩脚企业家时代的"傻子"》，林海，《法治周末》，2014年5月14日。
② 《纪念改革开放三十周年·人物口述史之十一：年广久》，《南方都市报》，2008年4月18日。

1982 年春节，芜湖市工商局准备抓捕年广久，理由是他走资本主义道路，最后因为省领导发话，他才躲过一劫。但是，关于他"钞票多得发霉，在院子晒钞票"的传言还是招来了非议，不少人以此为凭批评年广久"搞投机倒把""剥削雇工"，一名当地干部甚至写大字报挂在市委大门口："傻子瓜子呆子报，呆子报道傻子笑，四项原则全不要，如此报纸实胡闹。"

山雨欲来风满楼。在 1983 年的一次全国工商会议上，有人提出年广久的雇工人数超出国家规定，对国营、集体企业有不利影响，应该限制其发展。1983 年年底，"年广久是资本家复辟""是剥削"的说法甚嚣尘上，安徽省工商行政部门到芜湖联合调查，由分管商业的副省长向省委提交调查报告，后来又上报中央，惊动了邓小平。

1984 年 10 月，邓小平在中央顾问委员会第三次全体会议上表态支持，之后，市委来人告诉年广久："'傻子'你不得了啦，看来以后没人敢动你了！"

实际上，在此之前的 7 月 1 日，年广久主动向工商部门提出联合经营，正式成立芜湖市傻子瓜子公司，新芜区劳动服务公司和芜湖县（市）清水镇工业公司出资 30 万元，年广久以商标权和技术入股，并担任总经理。公司设两个副经理、会计，每年向政府缴纳 18 万元利润，其余部分归年广久所有。年广久希望通过公私合营摘掉"资本家"的帽子，找顶"保护伞"，然而事与愿违，他依然未能逃脱被打击的命运。

1991 年 5 月，芜湖市中院一审判决年广久犯流氓罪，判处有期徒刑 3 年，缓刑 3 年执行。年广久认为这是"欲加之罪，何患无辞"，主要原因就是自己风头太盛，"不把一些人放在眼里"。他坚决不服，一直抗诉到中央。

　　幸运的是,1992年年初,邓小平再次提到"傻子瓜子":"农村改革初期,安徽出了个'傻子瓜子'问题。当时许多人不舒服,说他赚了一百万,主张动他。我说不能动,一动人们就会说政策变了,得不偿失。"①因为这三句话,"主张动他"的人态度急转,芜湖市检察院主动撤诉,年广久于1992年3月13日被宣告无罪释放,市委书记还带着一群人在市委大礼堂集体接见他,握手时安慰他道:"老年,你吃苦了!"

　　年广久不知所措,当时他并不知道是哪位贵人出手相助,只是隐约意识到"外面发生了变化"。后来得知是邓小平为自己讲话,年广久和儿子给邓小平写了封信,邮去几包瓜子,他怅然地说:"不晓得他老人家收到没有。"

　　这次风波后,"傻子瓜子"因为经营管理问题每况愈下,销量大不如前,年广久只好去蚌埠帮徒弟做生意。1994年11月,他宣布出山,成立安徽芜湖傻子瓜子技术开发有限公司,但并不理想。2001年,年广久宣称将"傻子"商标以1分钱转让给长子年金宝,可惜后者在2006年11月因一氧化碳中毒身亡。年广久还因为遗产纠纷与儿媳、孙女对簿公堂,最终达成和解。

　　经过这场旷日持久的官司,年广久身心俱疲,独自远走郑州,继续瓜子生意。次子年强、三子年兵共同成立芜湖傻子瓜子有限总公司,除瓜子外,还经营"傻子"牌蜜饯、核桃、开心果等,在全国有几千家专卖店,俨然"傻子瓜子"的正统余脉。年广久在芜湖只剩下一间很不起眼的专卖店,经营干果、话梅、饮料、香烟等。面对外界关于"傻子"影响力减弱、"傻子"

---

① 《年广久:蹩脚企业家时代的"傻子"》,林海,《法治周末》,2014年5月14日。

时代已经过去等说法，年广久反驳说："我还没老，'傻子'永远没过去，我要是大干，谁也干不过我。"

回顾这辈子三起三落的悲喜人生，年广久自诩"对中国私营经济的发展还是起了一定作用"。他说："我在安徽第一个站出来，进入市场冲浪。"

"我这一生都要感谢一个人，那就是邓小平，"年广久说，"说到邓小平，他是个预言师，什么事情都看到眼里，他让我躲过了一个接一个的运动，他的思想非常开放。当然今天这些我都不用担心了。因为已经可以说永远都不会有运动了。"

何享健的"美的"人生

任何一个关心中国民营企业命运和观察改革开放进程的人，都无法绕过何享健和美的——一位78岁的老人和一家超过50岁的企业。尽管何享健是中国企业界具有时代意义的标志性人物，但他朴实无华的低调做派并没有在风云激荡的商业史中为人所熟知。

何享健显然不会在意这些。50年间，政治运动、宏观调控、产业变革之波动与打击不计其数，大败局的悲剧从未间断，何享健却将美的从一家5000元的小作坊打造成年营收将近2500亿元的跨国集团。大而不倒，老而不衰，其生存智慧及精神力量，用卓越、伟大来形容并不过分。

1968年春节刚过完，广东省顺德县（现佛山市顺德区）北滘街道居委会的大门就被围得水泄不通，门口"抓革命，促生产"的大标语传达出鲜明的时代主题，几十个无业居民要求解决工作问题。1966年，声势浩大的"文化大革命"全面爆发，到1968年，形势已十分严峻，有些地方已陷入混乱局面，几近失控。1968年是新中国成立以来唯一没有国民经济计划的一年。

为了解决失业居民闹事的问题，一位名叫何享健的年轻人自告奋勇站出来找领导，愿意带着大家寻找出路。1942 年 9 月底，何享健出生于北滘镇西滘村清沙的一户农民家庭，高小文化水平。26 岁之前，何享健的人生履历非常简单：1958 年 4 月，未满 16 岁的何享健进入顺德农械厂当学徒工；1959 年 7 月，何享健进入北滘陶瓷厂工作，一干就是 3 年；到 1968 年创办美的之前，何享健已经整整工作了 10 年，对机械制造和手工作业已经非常了解。

1968 年 4 月下旬，何享健四处奔走，鼓励居民集资办厂，把大家组织起来"生产自救"。到 4 月 26 日，一共有 23 位居民（其中 22 位女性）把集资款交到何享健手中。有 20 人每人拿出 50 元，剩下 3 人以旧设备、物资作价，共凑齐 1000 元集资款。这在当时已算是非常大的一笔钱。

23 个人费尽九牛二虎之力，东拼西凑只有 1000 元，离何享健想干成事的计划还差得很远。他咬咬牙，向银行借 4000 元，却被行长批评胆大包天。好在当地信用社答应何享健，以北滘街道办的名义借贷 4000 元。这样，他一共筹集到 5000 元资金。

1968 年 5 月 2 日，"北滘街办塑料生产组"正式成立。生产组隶属于北滘街道办，何享健担任组长。何享健将一间不到 20 平方米的破棚子租下来，改造成小作坊式的厂房。

创业初期，整个生产组有一间简陋作坊、六台手啤机、一台铡刀机和购买设备之后剩余的一点流动资金。何享健与朋友交流时得知，广州的街道工业已经蓬勃兴起，制塑料瓶盖比较简单。1973 年，小瓶盖被药用玻璃瓶（管）、皮球等产品取代；1975年12月6日，"北滘街办塑料生产组"变更为"顺德县北滘公社塑料金属制品厂"，半年后招牌又换成"顺德县北滘公社汽车配件厂"，生产汽车挂车刹车阀，兼营汽车橡胶配件。何享健步入背着刹车阀、橡胶配件坐闷罐火车北上跑市场的岁月。为了节约开支，他早餐就喝一碗红糖水，晚上睡在火车站里。他怕差旅费被人偷走，不敢随意放，就藏在鞋子里面。1979到1980年，经常性停电成为全国普遍现象，何享健又抓住机会生产发电机。

顺德是著名的侨乡，20世纪70年代末期，港澳同胞带家电回故乡探亲已成时尚，有外商投资的合资企业大部分也是家电行业的。何享健派工人买回100套零件，组装生产金属电风扇。1980年11月，再次更名后的"顺德县北滘公社电器厂"生产出第一台40厘米台扇，被命名为"明珠"牌。一年后，企业又更名为"顺德县美的风扇厂"，由何享健担任厂长，员工251人，年产风扇13167台，总产值328.4万元，利润41.8万元，经营状况发生了根本性转变。1984年，美的研制出全塑料风扇，投入市场后一炮打响，并在此后两年的"风扇大战"中脱颖而出。这年10月，站稳脚跟的何享健又踮起脚尖，将目光投向空调。

1985年4月8日，美的成立空调设备厂，何享健从此开始空调事业。此前被派到广州学习的技术人员不负众望，当初连电路图都看不懂，而后却能拼装出整台空调。当时制造空调还没有机器设备，完全靠手工打造，美的第一批空调生产完毕送进仓库后，到出货时又出问题了，只好重新整修一遍。从1985年开始的4年时间里，美的空调一直处于艰难生存的阶段，每月产量在200台左右，美的全靠给国营企业华凌生产无霜冰箱的核心部件散热器而勉强支撑。直到 1990 年 6 月，美的投资兴建工业城，建立了年产 20 万台的空调生产基地，情况才有所好转。

1992 年，顺德率先进行综合配套改革，核心内容就是企业产权制度改革。在"靓女先嫁"的政策支持下，比美的规模大、牌子响的企业都观望推辞，何享健却热情积极，主动找政府领导要求试点，终于争取到顺德唯一的股份制试点名额。这一年，美的的销售收入已经超过 7 亿元。何享健对股份制改造的理解并不深，也不懂股票，但他敏锐地意识到"一个企业的进步、规范需要股份制改造这种代表未来方向的手段"，他不无自得地说："我这个人看问题一直比较超前，什么事都要看得远一点。"

作为中国第一家完成股份制改造的乡镇企业，捷足先登的美的在第二年成为中国第一家上市的乡镇企业。1993 年 11 月 12 日，代码为"0527"的"粤美的 A"在深圳证券交易所上市，开盘价 18 元，收盘价 19.85 元，当年以每股收益 1.36 元排名深圳证券交易所第一。20 年后，美的集团整体上市，秉承的仍然是何享健"需要代表未来方向的手段"的思想。

美的登陆深圳证券交易所之后，媒体开始将镜头和笔锋对准这位深藏于南粤小镇的"大器晚成者"，但批评声多过鼓励声，有评论形容美的上市为"一架三轮车驶上了高速公路"[1]。从后来的状况来看，这并非尖刻嘲讽，更像是善意提醒。"1993 年上市以后到 1996 年这几年非常痛苦，非常辛苦，企业发展遇到了最艰难的时候。"[2]回忆起那段困顿时期，何享健依然心情沉重。

20 世纪 90 年代之后，《雍正王朝》《康熙帝国》等电视剧红遍大江南

---

[1][2] 《生活可以更美的：何享健的美的人生》，陈润，北京：华文出版社，2010 年 3 月版。

北，也受到了广东顺德企业界人士的热烈追捧，有人看战略学管理，有人谈商道话权谋。这两部"帝王剧"，据说何享健看过不下三遍，其深意不言而喻。在此前后，何享健上演了"电脑释兵权"的桥段，创业元老们因不会操作电脑被陆续劝退，包括现任美的集团董事长兼总裁方洪波在内的一批大学毕业生进入美的，企业人才结构和经营面貌焕然一新。

1994年，美的的主营业务增长60%；1995年，最高可达20多万元的"年薪制"让职业经理人热情高涨，但危机却悄然而至。1996年，美的空调从行业前三下滑到第七位；1997年，美的销售收入在上年突破25亿元之后大幅跌落到20亿元左右，经营性利润全靠一些投资收益。内外交困之际，"美的因效益不佳将被科龙收购"的传闻在顺德闹得满城风雨，何享健后来证实："当时政府为搭建顺德'家电航母'，有意让美的、科龙和华宝三家企业合并，并有意让我出任总经理。"[①] 他对"拉郎配"很不赞成，坚决不答应。

何享健说："企业大了，整个体制不适应，也是'大企业病'，体现了高度集权，没有效率。下面没动力，也没压力，没激情。"1997年，何享健提出事业部制改革："美的只有搞事业部才有出路，事业部是美的必须要走的一条道路。"[②] 1998年，美的制定厚达70多页的《分权手册》，这是一部清晰划分职业经理人权利和责任边界的"基本法"。事业部高度自治，总经理可自行"组阁"，但若经营业绩不达标，整个团队就要集体引咎辞职。

改制后的美的迎来了高速发展期，2000年销售收入达到105亿元，仅用4年就完成从30亿元到100亿元的跨越。2004年以后，家电行业进入"并

---

① 《75岁时捐60亿做慈善 何享健的"美的"人生》，《楚天金报》，2017年7月26日。
② 《生活可以更美的：何享健的美的人生》，陈润，北京：华文出版社，2010年3月版。

购时代"，美的通过对华凌、荣事达、小天鹅的系列并购完成了空、冰、洗产业整合，何享健的"白电王国"版图继续扩大。

可以说，美的的高速发展离不开何享健的运筹帷幄，也与职业经理人团队的智慧、热情、奉献不可分割。近 20 年的同舟共济、艰辛创业，何享健当然看在眼里，记挂心头。2009 年 8 月 26 日，何享健将美的电器董事局主席的职位交给方洪波，他只担任美的集团董事局主席。整整 3 年之后，2012 年 8 月 25 日，何享健宣布隐退，方洪波出任美的集团董事长。何享健打破"子承父业"的传统观念，引入职业经理人接班的新思路，美的由此成为中国第一家千亿级别的没有"父传子"的民营企业。2013 年 9 月 18 日，美的集团宣布整体上市，发行价每股 44.56 元，A 股最大"白电"上市公司由此诞生。

2018 年，美的迎来 50 华诞，何享健已退休 6 年。回望美的 50 年的成长历程，看起来波澜不惊，既没有惊心动魄的危机，也没有力挽狂澜的奇迹。但是，如果用更宽广、更深邃的视野来解读这家企业，就会发现许多令人怦然心动之处：它的格调不在于大刀阔斧，而是静水流深；它的魅力不在于高尚伟大的使命，而是始终关注时代需求；它的价值不在于财富和影响力，而是无处不在的变化。在这些细微变化中，美的已不知不觉走出一段令人惊叹的路程，创下了许多纪录。

鲁冠球：商界"不倒翁"

万向是改革开放 40 年来中国经济发展、汽车工业成长的一道缩影，鲁冠球是中国企业家群体成长崛起的一面旗帜。

鲁冠球是不幸的，在创业的 50 年中，他几乎碰到了中国企业家能碰到的所有困难；鲁冠球又是幸运的，每次他都能在关键时刻踩准节点，在危机来临之前顺利变革，从未出现重大失误。50 年的风雨兼程，万向已经从乡村小作坊发展成为多元化跨国集团。到 2016 年，万向营收 1107 亿元。鲁冠球家族以 491 亿元位居 2017 年胡润中国百富榜第 37 位，无论财富、地位还是影响力，都达到历史巅峰。

2017 年 10 月 25 日，被誉为"常青树"的鲁冠球溘然长逝，享年 72 岁。在举国弘扬企业家精神的社会氛围中，马云、郭广昌、李书福等知名企业家纷纷悼念，"最好的思念是传承鲁冠球的企业家精神"。

浙江省杭州市萧山区宁围镇是鲁冠球出生的地方。他的父亲是上海一家医药工厂的员工，收入微薄，鲁冠球自幼跟随母亲留守农村。初中毕业后，他没有继续求学，而是进入萧山县（现萧山区）铁业社，成为老铁匠的小学徒。转眼间 3 年过去，正好赶上"三年困难时期"，1961 年全国范围内大规模精简工人，鲁冠球成为被裁员的 2000 万工人中的一分子。好在他已学会手艺，回到农村开办自行车修理铺，后来又办起米面加工作坊。然而，在那个年代，私营经济被国家明令禁止，鲁冠球的作坊只好关门。

1969 年，中央颁布文件，每个人民公社允许开办一家农机修配厂。鲁冠球带着妻子及 5 位村民以 4000 元在宁围公社办起农机厂，为公社及周边提供配套的生产农具。鲁冠球先后变卖祖父、父亲和自己的房子，将钱全部投入工厂。当时厂房堆满了积压的产品，主要是万向节，形状像一个十字架，尺寸大小不一，用于连接汽车的传动轴和驱动轴。因为没有销路，厂里连续半年没有给工人发工资。

鲁冠球带头组织骨干员工天南海北地寻找销路。听说山东胶南县（现胶南市）要举办全国汽车零部件订货会，鲁冠球毫不犹豫地租了辆车，带上销售科科长，载满"钱潮"牌万向节直奔山东。可因为乡镇企业的性质，鲁冠球根本进不了场内。销售科科长怒气冲天地反问："这不是瞧不起人吗？乡镇企业怎么了，难道我们是后妈生的？"鲁冠球安慰道："又没有说不准我们在外面谈。我们可以在场外摆地摊嘛！"[1]

然而，三天之内，没有一个客户上前询问。鲁冠球派人到订货会上了解，发现原来问题出在价格上。他决定降价 20% 销售，订单于是蜂拥而至。当天晚上，鲁冠球回到旅馆，发现当天竟然订出 210 万元的万向节，产品也在行业内一炮打响。

---

[1] 《创始人 1984：中国商业教父的时代命运与崛起重生》，陈润，武汉：华中科技大学出版社，2015 年 7 月版。

虽然只有初中文化,但鲁冠球长期坚持读报。1979年,他无意间在《人民日报》上看到一篇名为"国民经济要发展,交通运输是关键"的社论。读完之后,他凭借着自己的直觉判断,接下来中国将会大力发展汽车产业。就在这一年,鲁冠球将其他业务砍掉,主攻万向节生产。

果然如鲁冠球所料。1979年,机械工业部希望从全国56家生产万向节的工厂中挑选出3家顶尖企业,作为国家定点生产万向节的工厂。因为鲁冠球的工厂属于乡镇企业,并不在考察范围之内,鲁冠球甚至连有关考核标准的文件都无法看到。可他并未罢休,而是派了个"密使",通过朋友托朋友的办法,将整顿企业条例拿到手,按照条例中的400个标准逐一

鲁冠球

进行整改，最后，鲁冠球的工厂萧山万向节厂以99.4的最高分名列"三强"，成为中国汽车工业总公司的定点制造厂。

在整改过程中，鲁冠球最注重的就是产品质量问题。有一次，鲁冠球接到一封退货信，这封信是一位安徽芜湖的客户寄来的。信中说万向节出现了裂缝，要求退货。鲁冠球立即找来供销科科长，对他说："我们厂的信誉最重要，你马上把合格产品连夜送去，换回不合格次品。"① 他派出30多人，跑遍全国客户，将不合格的产品都背了回来，并在第一时间给客户换成合格产品。面对背回来的3万套不合格产品，他当场下令立刻装车，直接运往废品公司。这些不合格产品以6分钱一斤卖掉，一个都不剩，工厂的损失高达43万元。据与鲁冠球熟识的财经作家吴晓波回忆，他曾问鲁冠球："企业家抓质量和重诚信的最原始的动力是什么？"鲁冠球的回答是："怕被人骂。"吴晓波追问："只要赚了钱，骂了又如何？"这时，鲁冠球满脸通红，从衬衣口袋里摸出一张小孙子的照片："骂我就算了，以后一直会骂到这小子。"②

鲁冠球热爱学习，无论是画满条线圆点的《资本论》，还是松下幸之助的传记，或者是最新版本的经济学专著，都能够在他的床头柜中看到。每天他都会抽出一两个小时的时间读书，且一直保持着边读书边做笔记的习惯。他曾在一篇文章中记录日常作息：每天早上5点10分起床，6点50分到达公司，18点45分回家吃饭；到了19点，他会准时打开电视，

① 《创始人1984：中国商业教父的时代命运与崛起重生》，陈润，武汉：华中科技大学出版社，2015年7月版。

② 《鲁冠球告诉我，战士的终点就是坟墓》，吴晓波，吴晓波频道，2017年10月26日。

看中央电视台的《新闻联播》和《焦点访谈》；节目结束后，他会继续处理白天没有处理完的工作文件；21点左右便开始读书看报看资料，困倦的时候，他就冲个澡，继续读书；直到零点左右，他才肯上床睡觉。这就是鲁冠球一天的生活。也正是他对读书看报的热爱，让他拥有了更多机会，学会了更多经营企业的方法。

1983年3月，农村已经开始实施家庭联产承包责任制，鲁冠球意识到机会来了，他将在自留地种的价值2万元的苗木全部做抵押，承包下萧山万向节厂，这一次，他要在工厂进行大刀阔斧的改革。

过去生产和管理都靠命令，干部忙着催工人干活，一线工人却拖延敷衍。承包分配到每个车间、班组和个人身上之后，工人恨不得天天加班。在产品质量方面，每个人的产品都首先经过自行检查，然后再进行相互检查，工人之间自觉立了一条规矩——生产出1个废品，按生产5个废品处罚，质量也因此有了保证。承包第一年，鲁冠球不仅完成了任务，利润还超额154万元，之后他每年都超额完成承包任务。

1984和1985年两年，万向节厂的产值和利润增速分别达到55%和76%。按照承包合同中的奖励方案，1983—1985年的3年间，鲁冠球可以拿到44.9万元奖金，这让他左右为难：不拿奖励，有人会说他沽名钓誉，甚至还可能说党的政策变了，政府说话不算数；可他发自内心地不想拿这笔钱。作为合同的甲方，乡政府自然表态要履行合同，但是数目太大，此前从未遇到过这种情况，只好报告给上级领导，回复是"应该兑现合同"。当时鲁冠球正在北京参加会议，他匆忙寄回一封信，郑重表态："我愿意将承包超额利润分成部分全部献给企业，发展生产和进行智力开发，使企业办得更好。"①鲁冠球没有将这些钱放入自己的口袋，而是全部用在为工厂培养人才和建造乡村小学上。

鲁冠球在 1990 年提出的"大集团战略、小核算体系、资本式运作、国际化市场"的战略方针延续至今。他是企业的精神领袖，拥有至高无上的权威；万向内部的小册子《鲁冠球讲话汇编（1999—2016）》被视作员工的行动指南。1994 年，万向完成股份制改造并在深圳证券交易所上市，鲁冠球逐步建立现代企业管理制度，掌握绝对控制权。2001 年 8 月，万向收购美国 UAI 公司，6 年后收购美国 AI 公司 30% 的股权，成为其第一大股东。2013 年 1 月，万向以 2.566 亿美元收购美国最大的新能源电池制造商 A123 系统公司。2014 年 2 月 15 日，万向以 1.49 亿美元成功收购美国电动车企业菲斯科系统公司，国际化高歌猛进，造车梦想更近了一步。

到 2014 年，鲁冠球创业整整 45 年，堪称当时中国资格最老的民营企业家之一，他的商业经历和成长轨迹正是改革开放的真实映照。"正因为有了改革开放，万向才有今天，我是改革的受益者、实践者，也是见证者，"鲁冠球曾感慨道，"如果没有改革开放，哪里有我们的今天。讲得大一点，改革开放就是把国门都打开了，大家都可以走向世界，自由发展。而这在我刚刚创业时都是不敢想象的。"

萧瑟的秋风透着悲伤，命运世事无常。2017 年 10 月，鲁冠球与世长辞。在所有悼词中，鲁冠球的儿子鲁伟鼎的深情缅怀最是打动人心。他无疑是最懂鲁冠球和万向的人，也是当时最合适的接班人。他在谈论鲁冠球的品

---

① 《乡土奇葩——记农民企业家鲁冠球（二）》，《人民日报》，1986 年 4 月 10 日。

质时说："面对最大困难时,他最乐观;面对最多风光时刻,他最谨慎;面对最大需求时,他能表达不需要;面对失去一切时,他还在惦记减轻别人的痛苦。"他将鲁冠球的成功哲学总结为"依法合理,谦虚谨慎,务实低调,量力而行,因时而进,因势而新,做永远跟党走之时代先锋",并将继承发扬。这些经营管理、为人处世之道可以概括为"鲁冠球精神"。

回过头来看,鲁冠球的身上具有浓重而微妙的政治色彩。无论时局如何变迁,他始终以乡镇企业为圆心、以改革开放的尺度为半径画圆,艰苦奋斗,追求圆满。

【时代人物】吴敬琏：中国经济的"良心"

在 40 年改革开放历史上，有着吴敬琏不可磨灭的印记。他说，任何一个时代总有随波逐流的人，但是一个真正的知识分子，他的生命与他所处的时代休戚与共，骨肉相连。

吴敬琏以"敢言"著称，是中国经济学界的泰斗，曾经提出中国股市"赌场论"，主张维护市场规则，保护草根阶层生计，被誉为"中国经济学界的良心"[1]。他倡导市场经济理论，是经济体制比较研究学科的开创者之一，也是"市场取向改革论"的主要代表人物，有"中国改革理论先驱"与"中国市场经济理论之父"之称。[2]

在当代中国经济改革史上，吴敬琏之重要性在于，他几乎参与了新中国成立之后所有的经济理论争议，由他的思想演进出发，可以勾勒出中国经济变革理念的大致曲线。

吴敬琏的第一位精神导师是被称作"老右派"的顾准。那些年，他和顾准一起被下放，在"五七干校"同为被定罪的"反革命分子"，在"隔离室"

---

① 《他是中国经济学界的良心》，吴晓波，吴晓波频道，2017 年 5 月 3 日。
② 《吴敬琏：经济学家的淡泊人生》，《生活时报》，2002 年 2 月 4 日。

里朝夕相处。顾准正直的品格与较真的精神，深深熏陶和影响了吴敬琏的思想与人生道路，成为他以后治学上的宝贵财富。顾准临死前立下遗嘱，将遗稿传给吴敬琏。这算是一位经济学家对另一位经济学家的衣钵传承。

1956—1957 年，吴敬琏参加全国范围的体制调查和体制改革研究，并参与了孙冶方主编的《社会主义经济论稿》和于光远主编的《政治经济学》教科书的写作。在这期间，他的理论文章，如与林子力等人合写的《全民所有制经济论》等，特别是为于光远主编的《中国社会主义经济问题》写的《社会主义的〈经济表〉》，具有很高的学术价值。1960 年，他在《经济研究》上发表《社会主义社会的过渡性质》，被国外某些学者认为是一篇某种原则上区别于苏联社会主义政治经济学新体系的代表作[①]。

从 1979 年开始，他把研究的重点逐步转向关于社会主义经济制度和经济发展的历史与现实的比较研究方面；在这种研究的基础上，他逐步形成了对中国经济发展战略和体制改革的目标模式的想法。他和其他经济学家一起，为在中国开辟比较经济体制研究这个新的学术领域做出了巨大的努力。1983 年，他和他人合写的《关于社会主义经济的计划经济属性和商品经济属性问题》与《试论社会主义计划经济的调节方式》等文章，鲜明地提出了社会主义经济具有商品经济的属性，为"社会主义市场经济"奠定了理论基础。

1983 年，53 岁的吴敬琏远赴美国耶鲁大学学习一年，他彻底颠覆了以往的经济观念，完成了"思想突围"，坚信中国经济体制改革应当走市场道路。

1984 年 7 月，他刚刚从美国耶鲁大学归来，就被国务院经济研究中心

---

① 《吴敬琏：仗义执言的"吴市场"》，王倩，《环球人物》，2008 年第 24 期。

副总干事马洪找去修改一份《关于社会主义有计划商品经济的再思考》。此时，党的十二届三中全会的《中共中央关于经济体制改革的决定》（以下简称《决定》）原本早已在中央书记处的主持下开始起草了。但马洪了解到《决定》上没有"计划商品经济"的提法。几经周折，一份《关于社会主义有计划商品经济的再思考》转送到国务院领导手中，经批示后，起草小组最终把"商品经济"写入文件：社会主义计划经济必须自觉依据和运用价值规律，是在公有制基础上的有计划的商品经济。

1985年11月，吴敬琏领导一个课题组对"六五"时期的经济发展经验进行了全面的研究。在以"正确处理经济建设、体制改革和提高人民生活三者的关系"为题的报告中提出，中国正处在二元经济迅速向现代经济转化的阶段。在这个经济发展阶段，必须十分注意经济效益的持续提高，十分注意社会资金的积累，恰当地把握农业人口向非农业转移的速度和城乡居民生活水平提高的速度。

1986年年初，吴敬琏参加了国务院经济体制改革方案研讨小组，将多年来的研究成果加以系统整理。这一时期，他写的《关于改革战略选择的若干思考》和《十一届三中全会以来发展和改革的经验总结》等文章，在国内外引起了极大关注和高度评价。

1992年春天，邓小平在南方谈话中提出了"计划多一点还是市场多一点，不是社会主义和资本主义的本质区别"。这一年，吴敬琏两度向中央领导建议"社会主义市场经济"的提法。同年召开的党的十四大宣布："我国经济体制改革的目标是建立社会主义市场经济体制。"[1] 这具有划时代

---

① 《总理高参：他们影响中南海》，《博客天下》，2011年5月总第63期。

的意义，标志着中国将逐步走上市场经济道路。

《华尔街日报》曾经评论：中国如果有一位经济学家的话值得听取，那他就是吴敬琏。与约瑟夫·斯蒂格利茨不同的是，这位中国经济学家更像一座桥梁，嘴对着领袖的耳朵，脚站在百姓的中间。

吴敬琏最"冒险"的一次仗义执言是在中南海。1990 年 7 月 5 日，中南海勤政殿召开经济问题座谈会，有十多位经济学家参会。吴敬琏在会上提出："经济改革确实出现了一些问题，但原因不是改革的市场取向不对和改革'急于求成'，而是市场取向的改革不够坚决，不够彻底。"有人几次打断吴敬琏，说"计划经济与市场调节相结合"是中央已经确定了的提法，只能讨论怎么结合，不能讨论这个提法本身。吴敬琏毫不退让，与对方争得面红耳赤。会后，吴敬琏被称为"吴市场"，这个外号不胫而走，为世人所熟知。

吴敬琏

吴敬琏最有名的一次为百姓讲话是 2001 年的"股市大辩论"。起因是吴敬琏在央视节目中痛陈"中国股市连规范的赌场还不如",这就是有名的"股市赌场论"。一语激起千层浪。随后,厉以宁、萧灼基、董辅礽、吴晓求、韩志国等五位经济学家召开发布会,批评吴敬琏,强调:"我国的证券市场像一个新生婴儿,不能用猛药来治理……如果这场论战的赢家最后是吴敬琏,那将是中国资本市场的一场灾难。"吴敬琏毫不退让,甚至出了一本书《十年纷纭话股市》作系统回应。当时很多投资者在股市亏了钱,怪罪吴敬琏,往他家打威胁电话,甚至有人往他家里丢石头,砸坏家中的玻璃。吴夫人大受惊吓,抱怨他不该口无遮拦,因言致祸。然而,时间会给出答案,时至今日,吴敬琏以"敢说真话"而赢得广泛尊重。

吴敬琏曾经为民生奔走呼号、为维护市场规则仗义执言,被誉为"中国经济学界的良心",是媒体和公众眼中的"学术明星"。但他的有些言论还是招致部分民众的非议。然而吴敬琏说:"如果当政协委员还怕挨骂,那么我们这些人就不用当了,可以回家了。"[①]

吴敬琏认为春运票价不上浮不符合市场规律。从学术角度来看,多数经济学家并不赞成他的这种说法,认为这一言论不符合市场经济原理,可能会造成春运票价的扭曲。在城市拆迁补偿问题上,吴敬琏认为按市场价格进行补偿是不合理的,因为城市化是全民的成果,其利益不应该完全给房主,应建立城市化基金,将这些收益按照一定的规定来分配;另外,可以对买进价和卖出价的差额开征资本利得税。

---

① 《吴敬琏:怕挨骂就不当政协委员》,潘圆,《中国青年报》,2017 年 3 月 5 日。

吴敬琏还认为，打压房价会使物价上涨。对于社会上"每个人都应该有自有住房"的说法，他不以为然。其实中国的自有住房率比美国更高，他建议提高低收入者的收入水平。不是由政府掏钱，而是改变机制。对于政府有意打压房价，吴敬琏认为可能不大有效，因为人们购房除了自住，还可能以投资为目的。现在社会上货币过多，投资买房就把房价抬高了，而消费买房的人凭收入又买不起。可能不仅打压房价无效，而且这些钱会流入别的消费领域，导致物价上涨。

对于油价问题，吴敬琏认为应趁油价下降时加征燃油税。国家曾为照顾"有车一族"的利益把汽油零售价调低，他认为，一片欢呼声并不代表合理，因为这没有考虑到城市的承载能力。他说，我们的石油公司在国际油价上涨时很快就上涨油价，但在国际油价下跌时却降得很慢，其实不应在油价波动时给供应商特别的好处，损害消费者的利益；另外，我们是一个油资源贫乏的国家，税率比美国低是说不过去的。他认为，零售价应不变，但是应在成品油批发价下降时把税加上去。

在很多问题上，吴敬琏曲高和寡，他一次次地将自己置于舆论的风口浪尖。不过，这位个性倔强的老人从未躲避或放弃，他根本不在乎别人的非议。

已故经济学家马洪曾在吴敬琏70岁生日的贺词中说："吴敬琏是一个勇敢的战士。"吴敬琏也被称为"孤独的战士"。在经济学界，这位耄耋之年的"战士"，或许注定就是"孤独者"。

第 二 章

野蛮生长

1978 年 12 月 18 日至 22 日，党的十一届三中全会在北京举行，中国向全世界吹响改革开放的号角。整个国家成为一个巨大的试验场，高度集中的计划经济体制日渐瓦解，中国以不可逆转的姿态向社会主义市场经济体制转型。一大批农村能人、社队干部涌现出来，走上创业之路。

其实，很多"冒天下之大不韪"的壮举在十一届三中全会之前就已经发生。1978 年 11 月底，安徽凤阳小岗村 18 位农民签定"生死契约"，拉开家庭联产承包责任制的序幕。几年之前，温州"八大王"靠个体经营腰缠万贯，没想到却在 80 年代初纷纷因"投机倒把罪"遭受打击。此时，四川刘氏兄弟下海创业，靠孵化鸡苗起家；浙江的李书福从生产冰箱配件进入冰箱行业，从拆装汽车中开启造车梦想。

从路径来看，改革是从农村启动，以"包田到户"的承包制为突破口，解放农民的劳动生产积极性；而开放则是以从特区和沿海城市激发经济活力的方式，引进外国资本、技术和管理经验，在城市渐次展开。改革开放为经济和社会注入了强大动力，为创业提供了良好环境。

改革开放以来的企业家最初都是在农村或城郊诞生，他们如乡间小草野蛮生长，充满旺盛的生命力和创造力。从农民到企业家，改革开放成就了一代人的梦想。

小岗村的"生死契约"

家庭联产承包责任制俗称"大包干",是20世纪70年代末80年代初中国农村集体经济组织推行的一种生产责任制度改革。1978年的一个冬夜,安徽省凤阳县小岗村18位农民为了吃饱饭,冒险签下"生死状",将村内土地分开承包,开创家庭联产承包责任制的先河。

一纸生死契约,十几个庄严手印,宣告亿万中国农民从此告别饥饿,中国农村改革的序幕由此拉开。

1978年以前,小岗生产队共20户,115人,是全县有名的"三靠村"——"吃粮靠返销、用钱靠救济、生产靠贷款"[①],无论老幼,都出远门讨过饭。

这一年,凤阳遭受特大旱灾,饥饿的阴影笼罩在小岗人头上,老百姓对不许包产到户的政策怨声载道。当年,凤阳开始"分包到组",试图改变状况,但小岗生产队将20户人家从2个小组分至8个小组,粮食产量低的局面也不见好转。

---

① 《小岗村18户村民:包产到组、包产到户》,韩福东,雷敏,中国网,2009年7月24日。

穷则思变。其实村民都知道怎样可以填饱肚子：大家的自留地都种得很好，为什么合在一起就种不好呢？因为弄好了也不一定是自己的啊！这样还有谁会面朝黄土背朝天地干活呢，反正"干多干少一个样"。在田间地头，村民们私下议论："干脆分开来干！"

1978年11月24日，小岗生产队20户人家有18户的户主在场，大家举行了一场秘密会议。在私下联络时，户主们甚至连妻子儿女都不敢告知。在那个年代，有关政策规定"不许包产到户，不许分田单干"①。包产到户就是背叛人民公社体制，坐牢是他们可预见的结局。之所以冒险"造反"，只因不想饿死。

副队长严宏昌开门见山地说："我们队委会三个碰了个头，打算分田到户，瞒上不瞒下。但有一条，各家要保证交足公粮……"

18位村民还发下毒誓不向任何人说："谁要说出去，就不是他娘养的！"

考虑到一旦事情败露，村干部要担坐牢的风险，一位年长的村民激动地说道："你们是为我们村民出的事，到时候，我们谁也不能装孬，全村凑钱凑粮，把你们的小孩养到十八岁！"其他人纷纷赞同。

随后，严宏昌随手从小孩的作业本上撕下一张白纸，在煤油灯光中写下"保证书"："我们分田到户，每户户主签字盖章，如以后能干，每户保证完成每户的全年上交（缴）和公粮。不在（再）向国家伸手要钱要粮。如不成，我们干部作（坐）牢刹（杀）头也干（甘）心，大家社员也保证把我们的小孩养活到十八岁。"②

---

①② 《大包干的领头人严宏昌：用坚韧书写历史》，人民网，2008年12月17日。

契约下方是各户户主的名字和血红的指印，还有生产队三位干部分别盖上的三方图章。这份血书写得可歌可泣，事后的反响则深远惊人。

一个月之后，12月22日通过的党的十一届三中全会公报上依然写道："人民公社要坚决实行三级所有、队为基础的制度，稳定不变。"政策依然未变，可千里之外，小岗生产队的农户在求生本能之下已走出很远，他们将队里的土地按人均4亩半划分，从此再没有人偷懒误工，全村老小没日没夜在田地里干活。

包产到户极大地提高了村民的生产积极性，粮食产量也随之猛增。1979年，小岗生产队的粮食总产量为13.3万斤，相当于1955—1970年粮食产量的总和；油料（主要是花生）总产量3.5万斤，相当于过去20年产量的总和。小岗生产队全年的粮食征购任务是2800斤，过去23年一粒粮食未交过，当年上缴24995斤，超额7倍多。由于生产发展，村民的收入大幅度提高，全队农副业总收入47000多元，人均收入由上年的22元跃升到400多元，翻了18倍。

看到小岗生产队的日子大变样，附近的生产队也悄悄实现包产到户。此时，"包产到户""分开单干"仍然不被政策允许，小岗生产队所属的梨园公社要求大家再并起来，但县领导很支持：只要你们交齐国家征购、集体提留，并带头还贷款，还叫你们干下去。

尽管如此，小岗村村民还是提心吊胆，生怕事情闹大，被更高级别的领导知晓。

没想到，时任安徽省委书记万里得知这个消息，于1980年1月24日亲自前往小岗生产队视察。时任生产队队长严俊昌还记得他说："只要能对国家多做贡献，对集体能够多提留，社员生活能有改善，干一辈子也不能算'开倒车'。谁要说你们'开倒车'，这场官司由我跟他打去。"

一位地方领导问："周围群众都吵着要学小岗，怎么办？"

万里言简意赅："学就学呗！"[①] 他不仅批准小岗生产队包产到户，而且鼓励大家学习经验。至此，小岗生产队的18位农户才吃下一颗定心丸，悬了一年多的心终于安稳下来。

为什么万里会支持小岗生产队的做法？为什么中国改革首先从农村突破？由曾担任万里秘书的吴象整理的谈话记录中记载，万里认为："这不是偶然的，而有其历史的缘由。因为亿万农民在僵化的体制下受害最深，改革的要求最强烈、最迫切，而广大农村又恰恰是旧体制下比较薄弱的环节，正好成为改革的突破口。"[②]

农村改革极大地解放了生产力，让农村的剩余劳动力从土地上解放出来，这不仅为后来的乡镇企业异军突起创造了条件，而且是农村实现工业化、现代化、城镇化的重要途径，是改革成败的关键。

1980年5月31日，邓小平在约见其他领导时提到了安徽的凤阳和肥西，他说："农村政策放宽以后，一些适宜搞包产到户的地方搞了包产到户，效果很好，变化很快。安徽肥西县绝大多数生产队搞了包产到户，增产幅度很大。'凤阳花鼓'中唱的那个凤阳县，绝大多数生产队搞了大包干，也是一年翻身，改变面貌。有的同志担心，这样搞会不会影响集体经济。

---

① 《大包干的领头人严宏昌：用坚韧书写历史》，人民网，2008年12月17日。
② 《交锋：当代中国三次思想解放实录》，马立诚，凌志军，北京：人民日报出版社，2011年1月版。

我看这种担心是不必要的……总的说来，现在农村工作中的主要问题还是思想不够解放。"①

这是党的十一届三中全会以来，中央领导人首次对包产到户做出肯定的表态。此后，家庭联产承包责任制在全国农村逐步推广开来。

1981年12月21日，中共中央政治局会议讨论通过《全国农村工作会议纪要》。1982年1月1日，这份会议纪要以中央"一号文件"下发，这是第一个关于"三农"问题的中央"一号文件"，"包产到户"被正式确认。到1981年年底，全国农村有90%以上的生产队建立了不同形式的农业生产责任制。

1983年，第二个中央"一号文件"进一步对家庭联产承包责任制做出了高度评价："这是在党的领导下我国农民的伟大创造，是马克思主义农业合作化理论在我国实践的新发展。"这一年，全国参与家庭联产承包的农户占95%。

1984年，中央发出第三个"一号文件"，提出要稳定和完善家庭联产承包责任制，并决定将土地承包由原来的3年延长为15年。这一年，中国向联合国粮食及农业组织宣布：中国已经基本解决了温饱问题。

连续三个中央"一号文件"不仅推进、巩固了家庭联产承包责任制的成果，而且将中国农民压抑已久的能量彻底释放，为中国农村带来了翻天覆地的变化。通过肯定家庭联产承包责任制，我国初步建立起构筑农村新经济体制的框架，并为城市经济体制改革提供了坚实的物质基础和可借鉴

① 《伟大的第一步：中国农村改革起点实录》，王伟群，《中国青年报》，2008年12月17日。

的制度模式。1984 年，家庭联产承包责任制的经验被复制到城市，"包字进城"让承包制的威力在城市改革中得以显现，在"放权让利"中没有激活的国营企业重新焕发活力，四通、联想、万科、三九等公司横空出世。

今天，严俊昌已成为小岗村"大包干纪念馆"的名誉馆长，经常要向前来参观的游客介绍当年分田到户的经历。40 年弹指一挥间，小岗村的"大包干"也随同中国改革开放的步伐一起，进入不惑之年。无论沧海桑田，岁月变迁，今天我们仍然坚持的共识就是：继续坚持改革开放。

温州"八大王"

在温州、浙江乃至中国的改革开放40年历程中，"八大王事件"不得不提。"八大王"是市场经济风口浪尖上勇敢的搏击者，也是随时可能被时代浪潮吞没的冒险者。从一开始，他们的命运就与改革开放紧密相连。

"八大王"的创业经历是温州在改革开放初期经济发展的一个缩影，而"温州模式"又是中国经济的一个缩影。在中国崛起的特定历史进程中，温州人敢于拼搏的奋斗精神影响深远，其后"温州炒房团"投机色彩浓厚的经商之道也饱受争议。是非曲直，恐怕需要时间给出答案。

20世纪70年代末80年代初，温州市乐清县（现乐清市）柳市镇流通领域出现一批经商户，其中最活跃的八位经营大户被人称为"八大王"："五金大王"胡金林、"螺丝大王"刘大源、"目录大王"叶建华、"矿灯大王"程步清、"线圈大王"郑祥青、"旧货大王"王迈仟、"合同大王"李方平和"机电大王"郑元忠。[①]这群民间创业者头脑灵活，胆识过人，在改革开放之前

① 《激荡三十年：中国企业1978—2008》（上），吴晓波，北京：中信出版社，杭州：浙江人民出版社，2007年1月版。

就悄悄从事商业活动，成为富甲一方的有钱人。

其中，胡金林是"八大王"之首，也是当年柳市镇的"首富"。若在柳市镇寻购五金配件，人们都会说："找金林。"胡金林1974年初中毕业后开始做生意，一年后靠经营电器给家里盖起楼房，还攒下了5万元现金。1981年，胡金林的"向阳五金电器门市部"营业额达到120万元，他一年能赚几十万元，而当时全国人均月收入只有三四十元。

就在胡金林"狂奔"致富的时候，商业环境正在发生变化。1982年4月13日，中共中央、国务院向全国公布《关于打击经济领域中严重犯罪活动的决定》，要求对虽然没有严重破坏经济，但确实扰乱城乡市场管理、妨害国家物资购销和损害城乡人员利益的人，也要依法查处。

中央下达打击经济领域犯罪活动的决定后，浙江省把温州市列入重点，乐清县被划作温州市的重点，而柳市镇成为乐清县的重点。温州市乐清县柳市镇是温州民营经济的发源地。1981年柳市镇有300家生产低压电器的家庭作坊，"家家开工厂，户户听机声"；还有10万多名乐清籍推销员活跃在全国各地，这些人都是"投机倒把罪"针对的重点打击对象。

1982年1月，胡金林第一个被叫到乐清县驻柳市镇工作组谈话。工作组问他怎样做生意，是否老实交税，问询者的态度比较和气。第二天早上，胡金林主动背着装有6万元现金的皮袋找到工作组，补缴了17个月的税款。

1982年7月，某日黄昏时分，镇干部骑自行车到胡金林家门口，悄声告诉他："不行啦，要下大雨啦！"话音未落便迅速离去。胡金林感觉大祸临头，赶忙回屋拿出抽屉里早已准备的500斤粮票、2000元现金和各种证件，还来不及告诉妻子就仓皇出逃。当天晚上12点，警车呼啸而至，实施抓捕。胡金林躲过一劫，这一年他才 25 岁。他后来才听说，当时乐清内定枪毙 10 个典型，有强奸犯、抢劫犯，他是"投机倒把罪"的典型。除他逃命之外，其余 9 个全部被枪毙。

1985 年 1 月，不少因经济犯罪被判刑的人已获平反，胡金林认为风头过去，悄悄回乡，却在当天晚上就被逮捕。第二天，乐清县广播站宣布："全国经济要犯、'八大王'之首胡金林抓获归案。"胡金林被关在重刑犯单间，他做好了被判重罪甚至被枪毙的准备，已彻底绝望。没想到，66 天后，他被无罪释放，并获得平反。

与胡金林一样，其他七位"大王"也"在劫难逃"。1982 年 5 月 20 日，浙江省工作组进驻柳市镇，悲剧拉开序幕。

最早被抓的是"矿灯大王"程步清，他也是其中年龄最小的一个，当时只有 22 岁。1982 年的一天，程步清游泳回家后，被省委组织部叫到旅馆谈话。家人到第二天还不见他的踪影，心急如焚，好心人劝他父亲赶快逃走，免受牵连。几天之后，县里举行公审大会，程步清以"投机倒把罪"被判有期徒刑四年。在监狱里度过 10 个月之后，他被无罪释放。

"目录大王"叶建华是公认的老实人，以至于全柳市镇的居民都认为：像他这样的人都被认定犯"投机倒把罪"，看来"八大王"是被冤枉的。1982 年夏天的一个晚上，叶建华在家给大儿子洗脚，却被带到旅馆谈话。他进门后就被一副冰冷的手铐限制了自由，然后在废弃仓库被关了 42 天，又被羁押至看守所。30 多天后，乐清法院在柳市小学公开宣判：叶建华给柳市电器拍照成册，违反书刊管理规定，但未构成"投机倒把罪"，判处有期徒刑三年，缓刑三年。1984 年 4 月，叶建华被平反释放。[①]

判刑最重的是"旧货大王"王迈仟，其结局也最凄凉。王迈仟经营一家收购、修理废旧电器的小作坊，凭技术及勤劳致富。他在产品上注明"乐清制造"之后，以低于同类产品的价格出售，却以"投机倒把罪"被捕。当时关于"投机倒把罪"并没有司法解释，王迈仟的"罪行"又不符合国务院文件规定中"投机倒把"的 12 种表现。1982 年 9 月，法院宣判，王迈仟的罪行在"国务院文件中第 12 种表现最后的'等'字之中"，判其有期徒刑七年。一年后，王迈仟被无罪释放，但 3 万元"暴利"不再退还。1995 年，王迈仟因患肝癌去世，时年 50 岁。

"机电大王"郑元忠是仅次于胡金林的"柳市第二富"，他开了几间电器工厂，年产值过百万元，家里盖起一栋贴着马赛克瓷砖的三层小洋楼，他每天骑着当时还是稀罕物的摩托车上下班。1982 年 6 月 17 日，郑元忠被柳市镇工商所审查已有 29 天，他对"投机倒把"的指控拒不认罪，趁审查人员不备逃跑回家，带着七八千元现金从水路连夜出走。此后他一直顶着"全国通缉犯"的帽子在外逃亡，直到 1983 年 10 月 20 日夜晚潜回家中，却在 5 天后被抓获，身绑麻绳游街示众，与重刑犯一起被关押在看守所。1984 年 3 月 27 日，郑元忠被无罪释放。

"合同大王"李方平的住宅更豪华，一幢有围墙、铁门、庭院的四层别墅将他的财富和实力显露无遗，这也是他被限制自由最主要的原因。1982 年，县里派工作组前来调查取证，工作人员每天围着别墅转圈、观察、

[①] 《叶建华：我只想让家人过得好点》，王君权，《钱江晚报》，2013 年 11 月 28 日。

拍照："将军也没有住上这么好的房子。"李方平被关押起来接受调查、谈话，度日如年，四个月后被释放回家，原先要缴纳的4000元罚款也未被追究。

"线圈大王"郑祥青被抓的理由与李方平一样。他家盖有一栋带围墙、铁门、庭院的三层楼房，工作组理直气壮地断言："这户人家不搞资本主义，能有钱盖这样的楼吗？"1982年，郑祥青因"投机倒把罪"被捕，主动退赔17000元之后，羁押6天就被释放。

"螺丝大王"刘大源是仅有的"漏网之鱼"。郑祥青遭抓捕让刘大源深受触动："我家的楼比他的高，资产比他的多，我怎能不逃？"1982年夏天的一个早晨，刘大源穿着背心短裤走在街上，回头时猛然发现被两人跟踪，他连忙钻进供销社，找机会拐进小巷回家。他带着7万多元，连衣服都没来得及换，跳上机动小木船跑到乐清，三天后远走外乡。漂泊将近2个月后，他悄悄回家，又被迫外逃9个月，直到大年三十才敢回家和家人团圆。刘大源因"投机倒把""严重扰乱经济秩序"被通缉，三年间如过街老鼠仓皇躲避，穷困潦倒时甚至翻垃圾箱找东西吃，再次回乡已瘦得不成人形，亲朋好友竟不敢相认。东躲西藏的他，成为唯一没有坐牢的"大王"。

1984年4月，"八大王"全部被平反释放。以《人民日报》为代表的权威媒体称这次事件为"历史上的大玩笑""法律上的大玩笑"。政策回暖，春风又来，温州的民营经济又活跃起来，柳市镇恢复生机。1984年6月，柳市镇低压电器门市部剧增到1000多家，从业者超过5万人。

从1984年开始，温州走上以"小商品、大市场；小规模、大协作；小机器、大动力；小能人，大气魄"为主线的发展道路，民营企业蓬勃兴旺。

到 1985 年，温州有 80 多万农村劳动力摆脱土地的束缚，从事第二、第三产业，家庭工业企业达 13.3 万家，被称为"中国农民经济史上的创举"。

尽管"八大王"后来都回归平凡生活，即便经商也未再像当年那样深刻地影响时代。可是，作为改革开放后第一代个体户的代表，他们以身犯险，付出被判刑坐牢的沉重代价，为后来的创业者铺平了道路。正泰集团董事长南存辉曾感慨道，如果"八大王"不平反，他们这代创业者也没有信心甚至不敢去创业，他们是站在"八大王"的肩膀上成长起来的。"八大王"平反重新激活了温州民营企业的活力，进而使"温州模式"成为中国民营经济发展的一面鲜艳的旗帜。

这是一段悲壮而沉重的往事，虽然已过去近 40 年，人们却从来不敢忘记。

刘氏兄弟的创业维艰

作为中国改革开放 40 年来的企业家代表，刘氏四兄弟谱写出的"兄弟齐心、其利断金"的商业传奇堪称经典，他们轮流登顶《福布斯》大陆富豪榜的财富佳话流传甚广。

不过，刘氏四兄弟在 20 世纪 80 年代初期的创业历经千难万险，九死一生，却鲜为人知。刘永好遭遇巨额欠账，差点跳下岷江桥头一死了之。创业之艰险，比攀登珠穆朗玛峰更甚，路途中有人头破血流，有人伤筋动骨，还有人坠入深渊侥幸逃生，不过，刘氏四兄弟不约而同选择擦干血迹，重新站立，没有一个人做逃脱者。

刘氏家族原是四川巴县（今属重庆市）的名门望族，清朝末年走向衰败，到刘大镛一辈虽不复当年之兴旺，但也算一方贤达。新中国成立后，刘大镛担任过四川省新津县第一任人民法院院长、第一任农业局局长，其妻郑康致是县平岗小学教师。1949 年前后，他们的四儿一女相继出生，依次被取名为刘永言、刘永行、刘永美、刘永好、刘永化，寓意为"言必行，行必美，美必好，好必发生质的变化"。四兄弟后来因成功创办希望集团

刘永好

而成为名震全国的"中国合伙人"。

1980 年春节，还在成都师范专科学校（后并入西华大学）读书的刘永行手上只剩下两块多钱，究竟是留下来给自己交学费，还是为儿子刘相宇买肉吃？最后他狠下心到街上买了一只鹅。没想到孩子抱着鹅到池塘玩耍时，这只鹅却游走了，夫妻二人找遍都不见踪影。儿子没吃成鹅肉，刘永行心里很不是滋味。

这件事是刘永行创业的直接原因。为了解决儿子过年吃肉的问题，他在县城幼儿园门口摆摊修理家电，用白纸写了一张"修理无线电，又快又好"的广告。从大年初一到初七，他利用修理电视机、收音机的技术赚了 300 元，这相当于他 10 个月的工资。这笔"横财"让刘家四兄弟萌生了创业的念头：老大刘永言和老四刘永好学的是计算机和机械，老二刘永行搞了 8 年无线电维修，老三刘永美（改名为陈育新）干过电子仪表装配，四兄弟打算办一家电子工厂，名字都取好了——"新异"。

　　创业之前，兄弟四人先做好一件音响样品，通过市场测试后找生产队合作，由刘家兄弟出技术和管理，生产队出钱，却遭到公社书记的断然否决："集体企业不能跟私人合作，不准走资本主义道路。"多年后，刘永好遗憾地回忆说："我们失去了一次机会，我们的音响只能成为学校校办工厂的一个产品。后来，这个产品为学校创造了一定的价值，还被评为省级科技成果。如果当时我们做音响的话，现在我们有可能成为中国的电器大王，说不准的。"[1]

　　转眼到了1983年年初，毕业后分配到县农业局当技术员的陈育新决定停薪留职，回到古家村创业。这年春节前几天，在古家村一间泥砖墙、茅草顶的小屋里，刘家四兄弟召开了决定家族命运的会议。陈育新掷地有声地说："我爱人是农民，我也当过12年农民，就让我先辞职回家试验，砸了锅也还能靠两亩承包田过日子。"

　　其他三兄弟热烈支持，尤以刘永好的发言最鼓舞人心："我情愿冒风险背'农皮'，也不愿安安稳稳地当一辈子穷教师。人生不过几十年，年轻不闯几时闯？农村正在进行改变，我们这些从农村出来的人应该投身到这场改革中去，趁着我们还有一股子拼劲，有不算笨的脑子，大干一场吧！可不能错过了这个千年不遇的大好机会啊！"[2]

　　陈育新提议，有一种叫红育的良种鸡可以推广，建一个良种鸡场，把外地鸡种引进来，孵化出小鸡再卖给农民，然后回购本地农民的种蛋，再孵化成小鸡出售。让农民多赚钱，自己也可以从中得到收益。

　　家庭会议开了三天三夜，最后兄弟四人共同决议："脱公服"当专业户。

---

[1][2] 《创始人1984：中国商业教父的时代命运与崛起重生》，陈润，武汉：华中科技大学出版社，2015年7月版。

陈育新先行动，其他人陆续加入。

消息一出，整个小县城炸了锅。街头巷尾都在议论，刘大镛的四个儿子，三个大学生，一个中专生，毕业后好好的"铁饭碗"不要，却跑到农村端"泥饭碗"。

为了筹集资金，他们的母亲拿出全部积蓄，刘永言把心爱的电子手表卖了，腿脚不便的刘永行卖了代步的永久自行车。没有场地，陈育新就把住房改造成育雏室。没有孵化箱，就利用废钢材自己做，大年三十晚上，刘家四兄弟聚在一起敲废铁桶做孵化器。良种场需要铁丝做墙体材料，刘永好就跑到成都的建筑工地找回一大捆废铁丝。他们连一把剪刀都舍不得买，找了两块废钢自己打磨。

良种场扩大后需要建造新厂房，刘永好专门从成都买回一拖拉机旧砖。由于道路狭窄，拖拉机无法进村，大家手抱肩扛把一车砖从两千米外抱回来。那一天是1983年12月8日，非常冷的一天。

良种场建成后，种鸡蛋的收购成为难题。刘永好每天都要骑着自行车，带一个筐子，到方圆几十公里甚至上百公里的地方寻找良种鸡蛋。有一次，刘永好收购了200多个蛋，回家已经是深夜10点多。途经某处田坎时，一只狗突然蹿了出来，扑到他脚后跟上狠狠咬了一口。刘永好疼痛难忍从车上摔下来，一天的辛苦成果全砸了。等他拿着仅剩的一枚鸡蛋回到家时，已是早晨6点多。

刘家兄弟的良种场孵化出来的小鸡苗供不应求。刘永言认为，想要大量孵化必须用电孵的方法。1983年9月，经过反复试验，刘永行设计制作的孵化箱终于成功。1984年3月，刘永言设计出大型全自动蜂窝煤孵化室，并投入使用。

1983年年底，刘家兄弟的育新良种场孵鸡5万只，并带出11个专业户，超额完成县委书记"带起10户专业户"的任务。

谁知道，过完春节没多久，巨大打击就倏然而至。1984年4月的一天，育新良种场来了一位名叫尹志国的人，他开口就要求订购10万只"北京白"鸡苗。这可是刘家兄弟创业以来最大的一笔买卖。为了买种蛋，陈育新经由村里做担保，向银行贷了一笔钱，向附近的农民和一些单位赊购了许多种蛋。

尹志国带来一张信汇单，当天就从良种场拉走2万只鸡苗。但过了好几天，仍然不见款到，刘永行赶到所属信用社询问，才知道尹志国给的是一张假汇票。刘永行怒气冲冲去兴师问罪，却只看到满屋子臭烘烘的死鸡和到处乱飞的苍蝇。

尹志国的妻子哭诉说，尹志国把鸡拉回家时，半路上下起大雨，没有经验的他用塑料薄膜把车全盖起来，结果因温度过高，途中就闷死了一大半。回家不久，又遭遇一场大火，剩下的鸡苗连同房子都化为灰烬。尹志国急得几次想上吊自杀，最后一个人逃出家门。

望着跪在地上不断哀求的女人，还有惊恐万状的孩子，刘永行于心不忍。他知道，就算把尹志国送进牢房，也无法挽回损失。

这实在是晴天霹雳。为了这10万只鸡苗，刘永行兄弟把全部家当都押上去了。眼看借的钱马上要还，剩下的8万只小鸡就要陆续孵化出来，每天光买饲料就要上百元，都抵得上兄弟四人一个月工资的总和了。听着揪心的小鸡叫声，兄弟四人焦虑不安。

走投无路之际，兄弟四人甚至商量究竟是从岷江的桥头跳下去，人死账清，一了百了，还是隐姓埋名远遁新疆，等待东山再起。最后，大哥刘永言劝说，逃避不是办法，即使他们能逃脱，家里人在当地也会从此抬不起头来，整个刘家数十年来积累的声誉也会毁于一旦。

兄弟四人决定放手一搏，争取在最短的时间内把鸡苗全部卖掉。他们连夜劈毛竹、削篾片、编织盛鸡仔的箩筐，第二天清晨四点钟就起床，带着几筐鸡仔去县城乘早班汽车，到邛崃、大邑、双流等邻县的农贸市场叫卖。可是，时值农忙季节，农民们短期内根本消化不了这些鸡苗。

曾在成都当老师的刘永好突然想起来，成都市南门浆洗街有个鸡鸭市场，既然农民不要，不如试着把种蛋和鸡苗卖给城里人，否则只能坐等破产。于是，刘永好带着几筐鸡苗赶到成都。

市场上的商贩都有自己的"势力范围"，彼此寸土不让，初来乍到的刘永好难以插足，磨蹭一整天还是没找到合适的摊位，连安身之处都没有。那天晚上，他向一位好心的大爷借了一个板凳，在原地坐了一宿。第二天，他凭执着和诚恳打动了别人，终于得到一块小小的"地盘"，才把带来的鸡苗全部卖了出去。

经过没日没夜的忙碌奔波，四兄弟每个人累瘦了十几斤，8万只鸡苗终于卖完了。清账盘点之后，除还清所有欠款以外，每个人还分得180元钱。欣慰之余，大家都有种劫后余生的莫名感动。

从天底下"最光辉"的职业到"最低贱"的身份，刘永好的心理无疑经历了巨大落差。这种磨难和考验是市场教会他的第一堂商业课，也是他终生难忘的宝贵财富。人就是这样，没有被逼到绝路，谁都不知道自己的潜力有多大。

李书福：从"野照相"到"汽车疯子"

> 李书福被称作"汽车疯子""汽车狂人"，他曾说过"汽车不就是四个轮子、两部沙发加一个铁壳"，也呐喊过"如果民营企业造车会失败，请给我一次失败的机会吧"。他为了心中的汽车梦勇往直前，从不回头。
>
> 只有还原他的"汽车梦"、他的商业追求，才会理解他疯狂造车的缘由，才能真正了解他作为一位民营企业家，如何克服艰难险阻，在激烈的竞争条件下生存并发展起来，从中国走向世界。

浙江台州属于山区，人多地少，靠土地的馈赠很难谋生。20世纪80年代初，台州至少有几十万人从事商业活动。李书福的一位同乡回忆，他们平时都按常规干农活，只要有一天空闲，就去苏州的国营工厂批发纽扣，拿到集市上卖，一个月跑三四回，赚的钱比两三个月的耕作收入还要多。

1982年，李书福高中毕业，找父亲要了120元钱买回一部"海鸥"牌照相机，在街头巷尾为别人拍照赚钱，当地人管这种营生叫"野照相"。

当时国营照相馆的拍照布景、手法都比较呆板；李书福以山水为背景，光线天成，拍照自然生动，而且上门服务，深受人们喜爱。尽管四处游荡，收入不稳定，但是这一年他已赚到 2000 元，当时技术人员的月工资不过 50 多元。

尽管这是一段成功且珍贵的创业经历，但多年以来，李书福对早年的"野照相"生涯羞于启齿。在他看来，他的创业生涯还得从开办照相馆说起。凭 2000 元钱就想开照相馆在当时也算痴人说梦，根本不够购买冲印、反光等全套设备。虽然他雄心勃勃跑到上海采购摄影器材，但最终只买回了一些灯泡。至于反光罩，他请敲铁皮水桶的手艺工人帮"敲"了一个。之后甚至自己动手做照相机。对于相机的质量，他说："没什么不一样的，我认为是一样。"

李书福

1984 年，李书福无意中进入了电冰箱行业。一个下雨天，他的破皮鞋进水了，于是他跑进一户家庭鞋厂定做一双便宜结实的新皮鞋。他一进门，就看到 4 名工人在做异型铁片，他在闲聊中得知，这种小小的冰箱元器件供不应求，利润丰厚。他喜出望外，连定做鞋子都忘了。

回家以后，李书福足不出户，坐在小木凳上捣鼓，夹、锤、钻、磨，做成元件后装进大帆布包，再卖给附近的冰箱厂，一上午跑两趟，生意不错。当时国内电冰箱紧俏，李书福将业务逐渐从异型铁片延伸到其他冰箱配件，为杭州几大冰箱厂做配套生产。后来，李家四兄弟合伙成立台州石曲冰箱配件厂，大哥李书芳担任厂长，李书福负责销售。工厂主要生产电冰箱的关键配件上蒸发器，成立当年，销售额就达到 900 万元。到 1986 年转产电冰箱时，工厂产值已经达到四五千万元，李氏兄弟远近闻名。

1986 年，李书福不甘心"为人作嫁衣"，坚持自产电冰箱。其他几位股东反对，他就和二哥李胥兵一起，另起炉灶生产下蒸发器，研发电冰箱，不到一年就获得成功。1987 年下半年，李书福创办黄岩县北极花电冰箱厂，正式生产电冰箱。由于生意红火，1988 年下半年，其他兄弟入股，四兄弟再次走到一起。到 1989 年 5 月，冰箱销售额达到 4000 多万元，李书福开始为青岛红星厂生产冰箱、冰柜。然而，北极花电冰箱厂未被列入轻工业部定点厂目录，李书福只好因政策门槛放弃工厂，四兄弟各奔东西。多年后，李书福仍然对当初的决定后悔不已，话语间充满遗憾："我那时候是真傻，把工厂、库存、土地连同厂里的存折都交出去了。"

1989 年，工厂关门反而让李书福有时间完成心愿，到深圳大学进修，弥补没有念大学的遗憾。这一年，李书福在深圳购买了人生第一辆汽车。

这是一辆售价6万元的国产车,李书福的造车梦想由此点燃。他后来说:"从买了第一辆车开始,就想造汽车了。"

李书福正式开始造车是在1996年。自从把那辆国产汽车从深圳一路开回台州,他就经常拆装,发现汽车并不复杂。1996年,李书福购买两辆奔驰车,又从香港买回奔驰配件,拆解后重新组装,用玻璃钢安装了一个外壳,然后心花怒放地开上台州街头。这还不算,他还跑到电视台给这辆车打广告,结果真的有人打电话问价钱。

不过,相关部门并未给李书福亲手打造的"奔驰"车颁发"准生证",这让他愤懑不已,吼出那句后来世人皆知的豪言壮语:"造汽车有什么难的,不就是摩托车再加两个轮子吗?"几年后,他又将这句话演绎为:"汽车不就是四个轮子加两张沙发吗?"

从此,李书福开始疯狂造车的岁月。没有大型汽压机、锻造机,李书福就和工人们一起用榔头、铁锤敲打汽车外壳,依靠最原始的"锤子绳子板凳"的生产方式,李书福的工厂整天叮铃哐啷,热闹喧天。许多年后,有人问起吉利豪情最早的设计师是谁,李书福毫不讳言:"钣金工!"

1998年8月,第一辆吉利豪情下线,李书福欣喜若狂,摆下100桌酒席,邀请相关部门领导共同见证这一历史性的时刻。然而,由于吉利没有得到政府批文,李书福的造车行为有可能不合法,赴宴者寥寥无几。

不过,这回李书福没有让当年放弃冰箱厂的遗憾重演。1999年,时任国家计划委员会主任曾培炎到吉利视察,李书福言辞恳切地请求道:"请允许民营企业大胆尝试,允许民营企业家做轿车梦。大众在上海的投资累计46亿,而我只需要26亿就可以造很好的轿车。几十亿的投资我们不要国家一分钱，不向银行贷一分钱，一切资金由民营企业自负。如果会失败的话，请给我一次失败的机会吧。"曾培炎表示肯定，李书福美梦成真。①

就在这一年，在全球汽车市场，福特以 64.5 亿美元并购沃尔沃。11年后的 2010 年 3 月 28 日，吉利以 18 亿美元成功收购沃尔沃汽车 100% 的股权及相关资产，出价是当年福特的 1/3 左右。李书福调侃说："就像一个农村青年爱上了大电影明星。"吉利是只有短短 14 年造车史的"草根"新星，沃尔沃是全球排名第三、安全技术排名第一、拥有 80 多年历史的顶级名牌。双方地位悬殊，小个头的"中国青年"能否与大块头的"北欧公主"幸福走下去，外界并不看好。

2011 年 10 月中旬，李书福入主沃尔沃刚满一年，沃尔沃的盈利业绩持续增长，员工满意度达到十年来最高，《瑞典日报》甚至用"瑞典虎"为标题赞誉李书福和新沃尔沃。尽管此时断言并购成功为时尚早，但至少没有出现融合破裂、内忧外患的景象。这一切得益于李书福"吉利与沃尔沃是兄弟关系，不是父子关系"的指导思想。他说："吉利是吉利，沃尔沃是沃尔沃。吉利不生产沃尔沃，沃尔沃不生产吉利。"外籍高管对此极为赞赏，将其比喻为"刀叉和筷子可以奇妙地融合"。

2018 年 2 月 24 日，吉利以约 90 亿美元收购梅赛德斯·奔驰母公司戴姆勒 9.69% 的股份，成为最大股东，拥有逾 1.036 亿股的投票权。接二连三的并购背后是李书福对产业变局的深刻认知。他说："现在的汽车工业格局将被完全颠覆，未来全球汽车产业将只有四五家大企业。希望其中有

---

① 《李书福：一项政策可决定国家命运，企业生死》，周劼人，新华网，2013 年 11月 19 日。

一家中国企业。"

　　在企业家之外，李书福还有另一个身份——诗人，他曾写过一首自勉诗，后来被歌手陈琳演绎为《我清楚》这首歌："谁知前方有多少条路 / 酸甜苦辣早已留在记忆深处 / 不低头不认输 / 擦干泪坚持住 / 该受的苦我来受 / 该走的路我清楚……"① 如今，沃尔沃与吉利的融合之路依然漫长，李书福的汽车梦还将继续，无论成败盛衰，这位个子不高、长着一张娃娃脸的浙江汉子，始终"不低头不认输"。

　　——————————

　　① 《自学英语、喜欢写诗　解读李书福的雅趣》，《中华工商时报》，2011 年 6 月 24 日。

【时代人物】张五常：中国经济制度分析第一人

张五常是当代中国最有国际知名度也最具争议的经济学家之一，是新制度经济学和现代产权经济学的创始人之一，以《佃农理论》和《蜜蜂的神话》两部著作享誉学界。他狂傲不羁，特立独行，有点像金庸笔下的"老顽童"周伯通。他自我调侃"百无禁忌，不滞于物，自我陶醉，于传统和世俗有所不合"。

他早年师从经济学大师艾智仁；他与经济学家罗纳德·科斯、约拉姆·巴泽尔共事多年，互相影响与激励；诺贝尔经济学奖获得者科斯称张五常是最了解其思想真谛的人。他多次陪经济学家米尔顿·弗里德曼来中国，与国家领导人畅谈中国改革之大要。他应邀参加诺贝尔奖颁奖典礼，被奉为嘉宾。他被选为1997—1998年度美国西部经济学会会长，这是这一荣誉第一次授予美国本土之外的经济学家。

此等际遇，在中国经济学界可谓前无古人，后鲜有来者。

张五常的人生际遇，在1982年出现关键转折。这一年的抉择决定了他此后的命运。

1935年，张五常出生在香港，抗战时期曾随父母逃避战乱到广西。张氏夫妇育有11个子女，张五常排行第9。由于孩子太多，父母忙于生计，根本没有精力管教每个孩子。16岁之前，张五常从未和父亲认真深谈过，大部分时间他都在独立成长。1959年，24岁的张五常到美国洛杉矶加州大学经济系学习，其后攻读硕士、博士学位。他的博士论文是《佃农理论：应用于亚洲的农业和台湾的土地改革》，这篇论文推翻了两百年来西方经济学家的传统认识，奠定了他在西方经济学界的地位。[①]经导师推荐，张五常后来到芝加哥大学做研究。从进入大学到成为教授，他仅用了9年时间。

1967—1969年的三年间，张五常在芝加哥认识了许多享誉全球的经济学大师，与他们建立了亦师亦友的关系。当时"芝加哥学派"正如日中天，张五常投身其中，也做出了重要贡献。他后来说，很少有学生在黄金时代先后在加州大学和芝加哥大学学习经济学，"更没有学生能获得这两位大师（指加州大学的艾智仁和芝加哥大学的科斯）的日夕训诲，而这个学生竟是一个中国人。天下间哪有这么幸运的事？"[②]

1981年夏天，张五常得知香港大学经济系主任一职不久将会空缺，他有些心动。此时，张五常已是美国经济学界举足轻重的华人经济学家，在契约理论、信息经济学和产权分析理论方面做出了开创性的贡

①　《他顽劣不堪，他生气勃勃》，徐琳玲，《南方人物周刊》，2007年第10期。
②　《南方人物周刊》张五常专题《狂生张五常》。

献。张五常询问科斯的意见，后者积极支持，理由有三：第一，中国已经实行改革开放；第二，他掌握着最专业的经济知识；第三，他掌握中文。

第二年，张五常离开美国，回到香港。在1982年10月26日香港大学的就职演说上，张五常表示要带领同学们做"时代弄潮儿"。他说："在中国，有世界1/4的人口30年来无缘享受现代经济分析的进步，在某种程度上，我们很有可能帮助弥合这一差距。我们也希望通过研究中国的经验大大增加我们自己的知识。"他后来常说，他一生最成功的选择，便是1982年的这次。

20世纪80年代，在每一次关系改革开放进程和路线的大讨论中都能听到张五常的声音。1981年，他就预言中国将放弃"大锅饭"转向市场经济；1983年，他坚信中国改革不会走回头路；1986年，张五常在首钢集体宿舍住了两个星期，发表了主题为"所有权与使用权相分离的承包制"的演讲；1988年，他陪同弗里德曼游历中国，言辞犀利批评政府官员：如果你们认为国企确实优越，就不必害怕民企的竞争，让市场而不是让政府决定胜败。[①] 后来的事实证明，他的预见和判断往往是正确的。

1991年，张五常作为唯一一位未获诺贝尔奖却被邀请的经济学者参加诺贝尔颁奖典礼。有人问他为何一直与诺贝尔经济学奖无缘，他笑着回答："我的11个朋友都得了诺贝尔奖，就剩下我一个了，可能是我太厉害了吧！"

---

① 《南方人物周刊》张五常专题《狂生张五常》。

如同他满头凌乱张狂的白色卷发一样，张五常桀骜不驯，回答也非常符合他的个性。

20世纪90年代中期，张五常陆续在国内媒体开设专栏，以妙趣横生的散文风格谈经济，受到了甚至不懂经济学的读者的欢迎，逐渐在国内声名鹊起。2000年从香港大学退休之后，张五常开始在内地高校巡回演讲，深受年轻人追捧。他关心社会热点话题，演讲涉及农业改革、国企改革和金融改革等方方面面。他常抛出惊人之论，比如"是打开秦始皇陵的时候了""中国现在的制度是最好的制度"等。

早在1997年，张五常到昆山考察时，地区之间竞争的激烈程度就让他感到震撼。他后来写道："经济权利愈大，地区竞争愈激烈。今天的中国，主要的经济权利不在村，不在镇，不在市，不在省，也不在北京，而是在县的手上。"[①]他意识到，中国经济增长的奇迹之密码在于将承包合约引用到地区竞争制度中。中国改革开放40年的实践，使张五常近距离观察到许多精彩片段，他用现代合约理论将其织成了一幅绚丽的画卷。他曾说："我对经济学的贡献只有合约理论，没有其他，也不应该有其他。"

2009年，张五常的《中国的经济制度》出版。他采纳科斯的意见，用"合约的一般概念"为题，详尽地阐述了合约理论。《南方周末》曾刊载对本书的书评："这本书的写作过程中有一个困难，困扰张五常几个月，当年他的博士论文《佃农理论》推翻了传统经济学关于分成制是低效率

---

① 《中国的经济制度》，张五常，北京：中信出版社，2009年10月版。

的观点，其依据是地主之间有竞争，农户之间也有竞争，分成的比例是可变的。竞争的结果是有效率的比率一定会出现。但是中国的增值税分成，分成的比率全国是统一的，怎么可能有效率呢？后来张五常突然想到地区之间可以通过灵活的土地价格来展开竞争。理论上土地的价格可以为负，即县政府收取的土地出让金可能无法抵消政府开发土地的成本。土地的价格可以为负，地方政府就有了无限的调整机能，地区之间的竞争就会非常激烈。"①

　　张五常擅长以通俗现象解读经济学知识。他打比方说，每一个县就像是一个大商场，需要决定有哪些商户可以进驻商场。一方面，县为这些商户的发展提供了根本的资源保障，并同时收取相应的租金；另一方面，县需要对这些商户进行筛选，选出能够盈利的商户，否则整个商场的效益都有可能受到损害。而在同一时期，客户就那么多，购买力也是确定了的，故而商场和商场之间就存在了激烈的竞争。因此，县是中国经济发展的最基层主体，也是责任承包制度的根本所在。张五常认为"激烈的地方政府之间的竞争对于促进中外合资企业的发展、加速产业集聚、促进国企改制也有辅助的功能，因为没有投资者愿意在服务不佳、处处揩油的地方投资"②。

　　对任何学术问题、新鲜事物的理解都是仁者见仁、智者见智，张五常的合约理论也遭到许多争议和批判。但不可否认，他贴切地解读了中国经济制度走过的几十年，分析了中国经济发展奇迹背后的深层规律。张五常

①②　《中国做对了什么——解读〈中国的经济制度〉》，孙毅，王玉霞，《南方周末》，2010 年 12 月。

充分展示了经济解释所依赖的历史视野，他对经济形势的把握、社会生态的体悟及其炉火纯青的经济理论分析值得借鉴。

通过研究张五常，我们除了能感受到他侃侃而谈、语惊四座的真知灼见外，还能感受到他激情澎湃的赤子之心。他曾在《我也有一个梦》中写道："一艘比泰坦尼克还要巨大的邮船，在风雨中航行，一个孩子站在船头，看得清到处是冰山、礁石，船行得快，孩子不禁大声疾呼，不断呐喊……这孩子就是我！"

这或许就是张五常几十年如一日，密切关注中国经济发展的内心情结吧。

《南方人物周刊》记者采访他时问："1997年，邓小平逝世时，您带着您的太太，一身黑装，到新华社香港分社鞠躬、磕头，您想表达什么呢？"

张五常答道："邓小平是在75岁时开始领导中国改革的，并且干到最后。他开始领导改革时，比我现在的年纪还要大，这个人'三落三上'，很不简单，我对他是很佩服的。在香港新华社的追悼会上，我穿黑西装、黑皮鞋，戴黑领带，我太太也是一身黑装，我们到那鞠躬，有人批评说'桀骜不驯的张五常也会拍马屁'。批评我的人，是发神经。我的答案很简单，我是做学问的，我知道历史，我应该去向邓小平鞠躬。你们回顾中国历史，会佩服邓小平。"①

近30年里，张五常充分利用了他所处的时间和地点，对中国经济制度的运行做出了自己的解释。难能可贵的是，他没有躲在书房里皓首穷经，

---

① 《南方人物周刊》张五常专题《狂生张五常》。

而是在真实的世界里往返无碍。他使经济学者不再是传统意义上的老学究，而是公众生活中可以咨询甚至仰仗的坐标。年过八旬的张五常，精力旺盛，脑子灵活，依然保持着天马行空的思维方式，让人常常怀疑这个"老顽童"的真实年龄。

第 三 章

中国公司元年

1984年年初，邓小平视察深圳，为改革开放提速。这一年，中国的改革重点从农村转向城市，经济体制改革全面展开。

这一年，33岁的王石还是个天不怕地不怕的"愣头青"，依托深圳经济特区发展公司下属的现代科教仪器展销中心，经营摄像机、录像机、投影机、复印机及部分办公文具。柳传志40岁，以中科院计算所科研人员的身份，在不到20平方米的传达室内创办联想，每天带着同事像无头苍蝇一样倒卖电冰箱、电子表、旱冰鞋，甚至运动服装，还因为倒卖彩电被骗走20万元资本金中的14万元，简直遭遇"灭顶之灾"。青岛二轻局科级干部张瑞敏被排挤，下放到破败的青岛电冰箱总厂当厂长，一年后的"大锤砸冰箱"事件，更像是他愤怒表达与旧体制、老思想决裂的宣言。国企厂长马胜利正步入人生巅峰，"马承包"的声誉从中央传到地方，承包经营成为一门显学，在企业管理中大行其道。

一大批教父级企业家和顶级企业的诞生，无疑为"中国公司元年"①的论断提供了有力的论据。这些人虽然拥有光鲜的身份和地位，甚至有"红色后代"的背景，却无法否认其城市边缘角色的尴尬事实。他们本该拥有与能力和野心相配的舞台，若组织给不了，那就另起炉灶，下海经商。

难得的是，这一代企业家凭借有限的自主权和自由度，在计划经济的夹缝中迅速成长，并利用市场机制、政策机遇、资本运作，逐步明晰产权，最终成为命运的掌控者。

---

① 《激荡三十年：中国企业1978—2008》（上），吴晓波，北京：中信出版社，杭州：浙江人民出版社，2007年1月版。

王石的道路与梦想

1984年，33岁的王石进入万科，到2017年主动退出，恰好33年，正好开始人生的"第三个33年"。

只用了十几年时间，王石就将万科打造成全球最大的住宅类房地产企业，却过早放弃股份，甚至连管理权都交出去了，以至于他退休之后，万科因控制权陷入"万宝之争"。这是王石性格使然。他的财富欲望和权力野心并不突出，他始终自我定位为纯粹的企业家，而不是商人或者富豪。

他性格鲜明，独树一帜，人生经历丰富多彩。从1984年起，王石与万科的故事就注定充满传奇色彩。

历史终将铭记1984年的这个春天，它不仅温暖了整个中国，还改变了全世界的"气候"。原本波澜不惊的改革局面，因为1月底的邓小平南行而一石激起千层浪。春潮涌动，万象更新。

1月24日上午，邓小平在王震、杨尚昆等人的陪同下抵达广州火车站，匆匆接见前来迎接的广东省领导之后，顾不上旅途劳顿，就坚持先去深圳。

下午4时50分，邓小平一行登上开业不久的罗湖国际商业大厦22层的顶楼天台，60多幢18层以上的高楼正拔地而起，一片热火朝天的景象。时近黄昏，寒风乍起，陪同人员几次要为邓小平披上大衣都被他推挡，眼前的景象似乎将这位80岁高龄的老人感染得热血滚烫。

十分巧合的是，邓小平登顶国际商业大厦那天，整天忙着倒腾玉米的王石正骑着自行车从楼下经过。望见警车、警察和聚集的人群，王石好奇地停下来看热闹，正好碰到自己公司的副总经理，得知是小平同志视察深圳。王石只是"噢"了一声，继续骑车赶路。一天前，他刚过完33岁生日。

四年前的1980年，王石进入广东省对外贸易经济委员会（简称"对经委"）做招商引资工作，常驻广州，直到1983年5月入职深圳市特区经济发展公司（简称"深特发"），他才重回深圳。深特发拥有审批进出

王　石

口的权力，等同于政府重要部门，是深圳最有影响力的企业。1984年5月，深特发成立深圳现代科教仪器展销中心，9月21日正式开张，王石任经理。此后四年间，他引入西方治理观念和现代企业管理制度，积极推动现代科教仪器展销中心的转型和变革。

1988年是王石人生中的一个关键年份。有一次，主管单位想调用公司外汇，王石不同意，上级领导以不容置辩的口吻说道："你不同意调外汇，那就把你调走。"此时，王石才意识到，虽然拥有公司股份，自己却无法掌握个人和公司的命运。他决定推行股份制改革：4100万元资产做股份，40%归个人，60%归政府，在明确资产的当天，将手中股份全部放弃，成为一名纯粹的职业经理人。他希望不通过控股权也能管理好公司。在他看来，这个选择是个人价值观决定的：当初南下深圳是为了成就一番事业，发财致富并非目的；当赚钱与事业相冲突，就应该放弃赚钱。

除此之外，王石放弃股权也与政策环境有关，1987年深圳才批准设立第一批民营企业，企业产权概念普遍模糊不清，直到1992年邓小平南行以后，中国民营企业的地位才真正得到认可。1993年《公司法》应运而生。当时王石还存在思维和认知局限，后来很多由国有企业、乡镇企业改制成民营企业的案例证明，个人财富与事业成就之间并不矛盾，甚至高度统一，互相促进。万科恰恰成为一个反例。这次改制在一定程度上导致万科股权结构高度分散，而股权分散、业绩优秀的公司极易成为"野蛮人"狩猎的目标。此后30年间，万科数度因股权问题险遭灭顶之灾。当然，万科能够持续高速增长，也得益于万科的经营者支配、所有者监督的现代企业治理模式。股权是一把双刃剑，时至今日仍然是中国企业面临的共同课题。

也是在 1988 年，公司更名为万科，正式进攻房地产领域。1987 年 12 月 1 日，深圳市政府举行国土有偿使用权拍卖会，一家房地产公司以 525 万元的最高价竞得了一块 8588 平方米土地的使用权，这是改革开放以来中国土地使用权"第一拍"①。第二年，王石亲自到场举牌，万科以 2000 万元的"天价"拍得威登别墅地块，迈出进军房地产领域的第一步。他后来坦率表示，万科做房地产的契机是当时取消了福利分房制度，房地产行业前景巨大，其实他本人并不热爱房地产行业，不过喜好跟选择可以分开。他说："我不喜欢做（房地产），我喜欢做马明哲的保险，我喜欢做马蔚华的银行，我喜欢做柳传志的计算机，但我喜欢的我没这个能力。"②

1991 年 1 月 29 日，万科在深圳证券交易所挂牌交易，成为中国内地首批公开上市的企业之一。自此以后，万科全面扩张，进入高速发展期。然而，1992 年年底，王石决定聚焦主业，收缩房地产以外的业务，原计划到 1997 年完成，但实际直到 1999 年才结束，这一战略调整被媒体称为"万科的减法"。怡宝饮用水、扬声器等当时效益丰厚的业务都被剥离，这在当时需要很大的勇气。

1999 年，王石辞任万科总经理，由姚牧民接任。两年后，姚牧民辞职，郁亮成为新任总经理。这是王石的有意安排。为了培养管理团队，他开始登山。进山几个月，手机没信号，谁也找不到他。让自己和团队都摆脱对彼此的习惯性依赖，这在某种程度上是企业家的自我驱动。王石后来解释

---

① 《"斗争"王石：他的万科与他的时代》，刘利平，腾讯财经，2017 年 6 月 21 日。
② 《王石：创业万科走过弯路，到现在还有股权上的困扰》，蔡胤，中金在线，2016 年 4 月 12 日。

道："要建立一个伟大的企业，一定要在制度、团队、品牌、市场上营造一个标准，不能以一个强人为左右。一旦这个强人离开了怎么办？"[1]

2000年3月8日，华润受让万科8.11%的股份，又通过子公司收购2.71%的B股股份，终以10.82%的持有股权成为万科第一大股东。人们日后将其视作"万宝之争"的祸端，王石饱受诟病。可正因如此，万科管理团队才释放出巨大能量，成就今日万科。放弃权力才是真正的拥有权力。据说当时有人曾提议管理层收购（MBO），把深特发12%的股权买下来，不过，万科的基因决定这项计划难以实现。房地产属于重资产，需要不断扩充资本金，管理层不可能一路跟投下去。随着规模的不断扩大，MBO的可能性越来越小。直到2014年万科推出事业合伙人计划，将过去三年未分配的集体奖金全部用于购买万科股票，再加杠杆，最终也仅持有4.49%的股份。这一年，万科销售额提前突破2000亿元。

岂料风云突变。2015年8月26日，来自潮汕的姚振华兄弟控制的宝能系宣告以15.04%的持有股份成为万科第一大股东，此后不断增持，"门口的野蛮人"大举入侵。一切仿佛1994年的"君万之争"重演。当年万科抓住国泰君安证券做"老鼠仓"的关键证据侥幸获胜，逃过一劫。而截至2017年年底，宝能系仍合计持有万科25.4%的股权。鏖战过程中，双方均以正义的化身示人，万科提出保卫万科文化，宝能强调维护资本正义。王石坚决反对民营企业身份的宝能入主，坚持选择国资背景的深圳地铁集团取代华润。

---

[1] 《王石成熟了吗？》，王芳洁，"中国企业家杂志"公众号，2018年4月28日。

为什么王石坚称不介入政治，但每次万科股权变迁都选择国有企业呢？王石提到高阳所写的《红顶商人》："胡雪岩不但是官商，还是军商，他依靠左宗棠的湘军，湘军兴胡雪岩兴，湘军衰胡雪岩就衰。他的命脉与左宗棠的政治地位连在一起。"① 王石深受中国传统文化影响，无法脱离由此建立的认知，他说："你要看到相当一部分的重要资源掌握在谁手里。传统社会里，盐铁这些都是专卖，现在铁路、银行、通信等也都还由国家控制。"② 王石将这种联合视作企业做大做强的必要条件。

就在"君万之争"烽烟暂时消散的 2017 年 6 月 21 日，王石通过微信朋友圈宣布退出万科董事会，并不再参与下一届董事提名。同年 8 月，华大基因表示将取消王石独立董事的任职，这为他日后出任华大控股董事长做了准备。2018 年 8 月 4 日，王石在微博上公布："在华大 2018 年年会上，经华大集团董事会批准，我为华大集团董事会联席董事长……"次日，华大集团确认此消息。实际上，早在 1988 年王石在股东和经理人之间做出选择时，他的结局就已经注定，此后 30 年不过是一场渐变式的漫长告别，在战略、机制、人才等方面不断完善，确保创始人离开之后万科仍然保持平稳发展。

这是王石选择的道路，他忠于自己的梦想。

①② 《王石成熟了吗？》，王芳洁，"中国企业家杂志"公众号，2018 年 4 月 28 日。

马胜利：成也承包，败也承包

作为中国经济从农村改革转向城市改革的标志性人物，马胜利的名字已被浓墨重彩地写入中国商业史的长卷中。从 1984 年到 1987 年，马胜利掀起的"承包旋风"和集团化举措席卷全国，成为当时国企经营者最富想象力的改革实验，他因此被称为"国企承包第一人"，有"马承包"的雅号。[①]

然而，改革洪流汹涌，马胜利曾乘势而上傲立潮头，却又悄无声息跌入谷底。1995 年，马胜利主导的改革宣告失败，工厂因资不抵债宣告破产，他在 56 岁时提前退休。

如马胜利所说，"失败也是一种财富"。斯人已逝，往事如风，马胜利的创新精神、改革锐气和奋斗的拼劲，诠释着第一代改革家的责任和使命，留给后人许多思考与借鉴。

1984 年是马胜利春风得意的黄金岁月。这年 3 月，石家庄造纸厂接到上级命令：当年必须实现 17 万元的利润指标。厂领导感觉压力很大，一

---

① 《马胜利的葬礼》，李春晖，《中国企业家》，2014 年第 5 期。

直推脱，声称根本完不成。时年 45 岁的马胜利担任业务科科长，他在中层干部会上质问领导："咱能完成为什么不接呀？"没想到对方劈头盖脸就是一句狠话："你倒积极，那你干吧！"

当天下班之后，马胜利没顾上吃饭，趴在桌子上赶写"决心书"。3月 28 日，他将名为"向领导班子表决心"的决心书张贴在厂门口。他毛遂自荐承包石家庄造纸厂，承诺年底上缴 70 万元利润，工人工资也会翻番。他立下军令状："达不到目标，甘愿受法律制裁。"

那时厂长都是由上级领导机关直接任命，厂长认为他有"抢班夺权"的野心，竟然将他免职了。马胜利不服气，找市委书记评理，市委书记专门召开了一次有针对性的"答辩会"。

马胜利在答辩会上有条不紊地讲出具体的承包策略和生产计划，评委会当场拍板同意，由马胜利承包石家庄造纸厂。承包合同中写明：如果马胜利完成任务，可以获得超额部分 10% 的提成；如果亏损，就地免职。

重新进厂后，马胜利以厂长身份总揽全局，上任之后，新鲜事一件连着一件。造纸厂生产的都是家用卫生纸，马胜利将原来的大卷纸改为六种不同规格的纸，满足不同家庭的需要，他还将一种颜色变成三种颜色，并创新推出"带香味儿的香水纸巾"。他推行"层层承包，责任到人"的管理机制，通过一系列改革措施让工厂焕发活力。

承包第二个月，利润额就超过 21 万元，比原定的全年指标高出将近 5万元。第一年承包到期，财务对这一年盈亏状况的统计结果让所有人都大吃一惊，马胜利不仅完成 70 万元的利润指标，而且还超额创造 70 万元的利润，这意味着他承包一年盈利 140 万元。

消息一经传出，全国媒体竞相报道。1985 年 7 月 26 日，《时刻想着国家和人民利益的好厂长马胜利》这一通讯在各大报纸上刊登。马胜利瞬间成为家喻户晓的人物，"马承包"在全国声名鹊起，"一包就灵"的改革神话在神州大地上广泛传播。马胜利开始参加各种座谈会，他在演讲中介绍"三十六计"的承包策略，在座谈会上分享"七十二变"的承包思路。

作家高峰在《"马承包"新传》中曾记录过马胜利的魅力和风采："他谈笑风生，话语幽默而又风趣，会场内外鸦雀无声，听得人们如痴如醉，长达三个小时的报告，竟无一人走动，有人憋着尿也不去厕所。"一时间，马胜利的承包思想成为国营企业走出困境、实现盈利的灵丹妙药。

1986 年年底，马胜利荣获"勇于开拓的改革者"的称号。"马承包"出了名，很多经营困难的国营造纸厂的相关人员不远万里来找马胜利，希望他能承包工厂。马胜利很少拒绝对方，而是将各地亏损的造纸厂都悉数接收，准备大干一场。

1988 年，马胜利的"承包大业"开始走向全国，他做出一个惊人的决定：打造一个跨越全国 20 个省、囊括 100 家造纸企业、以"中国"打头命名的集团公司——"中国马胜利造纸集团"，由马胜利一个人担任 100 家分厂的法人代表，集团年产值一度达到 4 亿元。此刻，没有人怀疑他的"中国承包梦"，毕竟马胜利是曾受到邓小平 4 次接见、头顶各种荣誉的"经营大师"。这一年，马胜利和鲁冠球等 20 人荣获全国首届企业家金球奖。1986 年和 1988 年，马胜利两次获得全国"五一劳动奖章"，全国仅他一人两次获此殊荣。

"那是我最风光的时候，"马胜利后来回味道，"我越干越想干。那时候，我母亲还活着，她老说我是'人来疯'，越有人说，干得越起劲。"有朋友担心他步子迈得太大会出问题，劝他适可而止，可是马胜利已经身不由己，他也听不进别人的劝说和提醒，"我激流勇进，就不退，越在这时候越不退"。①

"中国马胜利造纸集团"组建之初，马胜利大胆将100个招工指标留给那些刑满释放、劳动教养解除的年轻人。起因是工厂有两位老员工的儿子因为劳动教养解除一直未能找到工作，他们找到马胜利帮忙，马胜利当场就爽快答应下来。马胜利认为，一个优秀的工厂不能单会开除人和处分员工，更要学会培养员工、改造员工。他亲自拟定一份特殊的招工标准，专门招收刑满释放、劳动教养解除的人员，以及因为打架斗殴、小偷小摸被其他工厂开除的人。一时间，不少"失足青年"进入马胜利的工厂努力工作。

马胜利并购的第一家跨省企业是山东菏泽造纸厂，在并购初期，经营效益还算不错。紧接着，马胜利转战云南、贵州等地，承包当地所有的造纸厂。承包造纸厂就要派驻干部，到最后无人可派，他连原任石家庄造纸厂的班组长都派了出去当厂长。

从1989年开始，"中国马胜利造纸集团"旗下的造纸厂纷纷爆出"失利"新闻，有16家造纸厂先后退出马胜利的集团，马胜利也对外宣布，"停止并购新的造纸厂，今后不再进行跨省经营"。此时，集团效益出现大幅度滑坡的现象。渐渐地，指责马胜利个人英雄主义的声音开始出现并传播开来。

---

① 《马胜利：我这辈子，值！》，王晓慧，《新财经》，2008年第12期。

1990 年，财务统计当年石家庄造纸厂亏损额超过 300 万元。到 1991 年 5 月，"中国马胜利造纸集团"彻底解散，三年后，"厂长马胜利"这块铜字招牌被勒令从石家庄造纸厂门口拆除。曾经风光无限的马胜利也在 1995 年被免职，56 岁就早早退休。就在这一年，石家庄造纸厂因为资不抵债不得不申请破产，两年后被朝阳企业集团接手。

对于被免职的前因后果，马胜利一直耿耿于怀。多年后他还坚称："我不觉得当年的企业有什么问题，我当时的上级主管部门现在也说不清免我职的理由。""免我职的局长跟我借 100 万元，说是局里用，我说没钱。就为这事，他们还派人查我的账，账面没问题，就把我免了。"[①] 为了表达心中的不满，马胜利后来建过一家小纸厂，生产"冤枉"牌（后改成"援旺"牌）卫生纸、"六月雪"牌餐巾纸、"窦娥"牌卫生巾，没过几天就被有关部门查封仓库，工厂关门大吉。

这是马胜利的一段伤心事。赋闲后，他每个月只能靠领取 135 元的基本生活费度日，根本无法维持一家六口人的日常开销。"每天上顿白菜，下顿白菜，吃得我现在看到白菜就反胃，"马胜利说，"我那时候叫天天不应，叫地地不灵。"

为维持生计，马胜利在石家庄街头开了一个不大的包子铺，开业不久，他曾经帮助过的"失足青年"就找了过来，争着要给马胜利养老。后来他又开办马胜利纸品经销公司，没过几年无疾而终。1999 年，马胜利决心重新出山，筹划组建"马胜利造纸厂"，但随着政府将退休金提高到每月 930 元，

---

① 《马胜利：企业承包第一人》，鲁超国、刘海鹏，《齐鲁晚报》，2008 年 4 月 16 日。

他又放弃了创业的念头。

2003 年年底，马胜利出席了在杭州举办的首届中国优秀企业家聚会，在会上当众"哭穷"，"泪洒西湖"的情形令人动容。鲁冠球当场决定资助他 5 万元，汪海和他签订了一份合作协议，聘请他为副总裁。后来马胜利对这段往事揭秘道："2003 年的西湖聚会是国家牵头举办的，因为 2004 年要开始实行年薪制，老马哭穷，使得众多国企老总受益。这些都是经过策划的。"

2014 年 2 月 6 日晚 10 时 40 分，马胜利因患肺病医治无效，在石家庄的家中溘然长逝，享年 75 岁。去世前两个月，他在接受记者采访时说："我最欣慰的是，我没有用国家给的荣誉和权力谋私利。我没有给共产党员、没有给改革者脸上抹灰。有人说老马失败，我不承认，我从一个普通工人做到这一步，我为这一生感到自豪。"当被问起"再有一次选择的机会，你还会去贴那张决心书吗"时，马胜利毫不犹豫地回答："会，我还会。我个人跟改革是息息相关的，没有改革就没有'马承包'，后来的一切也都和改革分不开。"

马胜利曾说过："我们那一代人，是奉献的一代，也是牺牲的一代。"[1]

---

[1] 《马胜利：企业承包第一人》，鲁超国，刘海鹏，《齐鲁晚报》，2008 年 4 月 16 日。

柳传志：在商言商，富而有道

> 在联想内部，柳传志像大家长，是企业的灵魂人物；在企业界，柳传志像老大哥，是大家的主心骨。他有三个企业家圈子——中国企业家俱乐部、北京中关村企业家顾问委员会和泰山产业研究院（常称作"泰山会"）。2015年7月7日，柳传志邀请三个圈子里的企业家朋友参加联想控股上市庆功宴。马云、王健林、刘永好、马蔚华、俞敏洪、雷军等人悉数出席，当时他们掌控的资产规模超过两万亿元。由此可见柳传志在中国企业界的"江湖地位"。
>
> 不过，柳传志不喜欢被称作"企业教父"或"商业领袖"[①]，不愿意被推上神坛。他甚至不在意"企业家"的称谓，他只是一个"商人"，在商言商，富而有道。

1984年11月的第一天，在北京中关村中科院计算所不到20平方米的小平房内，柳传志心事重重地坐在板凳上看大家搬桌子、扫地。这是联想成立第一天，他完全没有创业的兴奋，尽管曾向中科院副院长周光召信誓旦旦地保证"将来我们要成为一家年产值200万元的大公司"，但眼下他

---

① 《柳传志：时间的胜利者》，王燕青，《南方人物周刊》，2015年第26期。

最担心的是月底工资从哪里来。他和同事们每天像无头苍蝇一样倒卖冰箱、电子表、旱冰鞋甚至运动裤衩，门口却高挂"中国科学院计算技术研究所新技术发展公司"的招牌，实际经营业务与科技企业大相径庭。

这一年，柳传志正好 40 岁，进入不惑之年。在创办联想之前，柳传志最大的梦想是买一辆三轮车，和太太拉着手去旅游。那时夫妻二人的积蓄加起来只有 80 元，他回忆说："我那个时候算着，到退休的时候就能买得起了。"

1944 年 4 月 29 日，柳传志在上海出生。他的祖父是上海一家钱庄的经理，父亲柳谷书积极支持革命，美国《商业周刊》说他"衔着红色银勺子出生"。柳传志少时的梦想是成为一名飞行员。1961 年夏天，他即将从北京市第二十五中学毕业，经过一轮又一轮招收飞行员的考核，他成为全校唯一入选者，后来却因为舅舅是"右派"被取消了资格，残酷的现实将他的梦想击得粉碎。父亲安慰他说："不论你将来是做多么了不起的事，还是做多么平凡的事，只要做一个正直的人，就是我们的好儿子。"

柳传志

　　"正直"是柳传志最难能可贵的品格，即便在混乱年代，面临严峻考验时，他也没有随波逐流。1968 年，24 岁的柳传志离开工作单位中华人民共和国国防科学技术工业委员会，前往广东珠海白藤农场劳动锻炼，这里原是刑事犯和政治犯接受劳动改造的地方。许多年后，柳传志用"惨不忍睹"来形容那段艰难岁月。

　　生于战乱，长于动荡，柳传志的青春注定在等待中逝去。直到 1978 年 11 月 27 日，十一届三中全会召开前夕，柳传志欣喜地意识到变革即将到来。20 多年后，他回忆说："记得 1978 年，我第一次在《人民日报》上看到一篇关于如何养牛的文章，让我激动不已。自打'文化大革命'以来，报纸一登就全是革命，全是斗争，全是社论。在当时养鸡、种菜全被看成是资本主义尾巴，是要被割掉的，而《人民日报》竟然登载养牛的文章，气候真是要变了！"① 据查证，当时只有一篇题为"群众创造了加快养猪事业的经验"的报道，并没有关于养牛的文章。养猪养牛并不重要，柳传志以敏锐的政治嗅觉和见微知著的洞察力，感受到了时代变局的气息。

　　从 1970 年进入中科院计算所到 1984 年创业之前，柳传志在中科院计算所外部设备研究室做了 13 年磁记录电路研究，这是一段对柳传志来说不堪回首的经历。"虽然也连续得过好几个奖，但做完以后，什么用都没有，一点价值都没有。只是到最后，1980 年，我们做了一个双密度磁带记录器，送到陕西省一个飞机试飞研究所用了起来。我们心里特别高兴，"柳传志说，"但就在这时候，我们开始接触国外的东西，发现自己所做的东西和国外

---

① 《激荡三十年：中国企业 1978—2008》（上），吴晓波，北京：中信出版社，杭州：浙江人民出版社，2007 年 1 月版。

差得太远。这使得我坚决地想跳出来。"①

按照柳传志的说法，创业是因为"憋得不行"。"我们这个年龄的人，大学毕业正赶上'文化大革命'，有精力不知道干什么好，想做什么都做不了，心里非常愤懑，"他回忆说，"突然来了个机会，特别想做事。"②

此时，中科院计算所已经有不少人跑到中关村办公司，在"电子一条街"上，科技企业已有40家，"两通两海"③远近闻名。一些科研人员跑到街上帮人验收机器，每天收入三四十元，相当于在计算所一个月的奖金，这对安心工作的人造成了不小的冲击。计算所所长曾茂朝考虑计算所自办一家公司，积累些钱，为所里解决实际困难。在他心目中，组织能力出众的柳传志是做这件事的最佳人选。

1984年深秋，在那间由自行车棚改造的小平房内，共有11人参加了公司的成立大会，公司名为"中科院计算所新技术发展公司"（即联想前身）。这些人都符合"既本分，又能干；既有成就，又不满足；既有忠心赤胆，又有反叛精神"的选拔标准，他们后来被称作"创业元老"。1984年12月4日的任命名单显示，年龄、资历、地位最高的王树和担任总经理，柳传志与张祖祥分别担任副总经理，三人作为核心，领导公司发展。

当时彩电非常紧俏，供应紧张，从厂家拿货到市场上转手就能赚上千元。"三人核心"听说江西省妇联有位女士手上有一批彩电，觉得赚钱的机会到了。但那个时代，"骗子比彩电还多"，柳传志提醒看到彩电才能

① 《柳传志：退休联想》，胡柯，《小康财智》，2011年第12期。
② 《"制度主义者"柳传志：成功是有规律的》，橡子，康健，《第一财经日报》，2008年10月18日。
③ 指四通公司、信通公司、京海公司、科海公司四家。

汇款。尽管下属告诉他亲眼见到了大批彩电，但是钱汇过去之后，对方还是消失得无影无踪。联想被骗走20万元资本金中的14万元，这简直就是"灭顶之灾"。

虽然这些学术气息浓厚的科研人员经验不足，却并不缺少商业意识。1985年2月，柳传志在中关村路口一面向阳的墙上张贴了一幅宽3米、高2米的广告牌，上书"技术先进、质量可靠、价格合理、信守合同"十六个大字，还表明了业务范围，并留下联系电话。

直到1985年倪光南加盟并推出联想汉卡，联想才有点科技公司的模样。这年夏天，倪光南带着他发明的"LX-80联想式汉字图形微型机系统"正式下海，与柳传志等老同事并肩作战，汉字输入的"联想功能"让公司上下看到新的希望。后来，"联想"二字逐渐由产品功能演变为产品品牌，到1988年6月又用作香港公司名称——"联想集团"，"Legend（传奇）"被首次作为英文品牌标识公之于众。1989年11月，联想集团公司成立。"联想"二字和那个形似5寸软盘的内圆外方的标识一起，红遍大江南北。

在此后将近十年间，联想逐步建立领导者地位。1998年，联想销售收入突破20亿美元，荣获全国电子企业百强之首。次年，联想电脑以8.5%的市场占有率荣登亚太市场个人电脑销量榜首。进入2000年之后，联想开始探寻国际化道路。2004年12月8日，联想宣布以12.5亿美元收购IBM的个人电脑业务，成为年收入超过百亿美元的全球第三大个人电脑生产商。这是一桩"蛇吞象"式的并购——2003财年联想销售额为29.8亿美元，IBM却高达890亿美元，仅个人电脑的销售额就有280亿美元，并购风险可想而知。难怪柳传志在签约前夜还嘱咐部下："做得好，一步登天；

做不好，打入地狱。"与此同时，柳传志将联想集团董事长职务交棒给杨元庆，自己仅保留董事职务。

果然如柳传志所料。2008年联想第三财季销售额下降20%，净亏损达9700万美元。为挽回颓势，2009年2月5日，退隐近5年的柳传志重新出任董事长，杨元庆改任CEO。柳传志动情地说："联想就是我的命，需要我的时候我出来，是我义不容辞的事情。"媒体高度评价——"撒手"需要的是大气，"接手"需要的是勇气。整整9个月之后，联想发布当季度财报，营收40.99亿美元，净利润5308万美元，前两个财季累计净利润3707万美元，亏损噩梦就此终结。①

两年之后，2011年11月2日，柳传志放心地把联想集团交到杨元庆手中，杨元庆肩负董事长和CEO两职，柳传志全力推动联想控股在2014—2016年间整体上市。即便联想控股上市之后，柳传志也退而不休。他说："我相信有一件事我是要管的，就是联想控股的员工持股会将会变成一家公司，因为将来联想控股上市的话，不改制是不行的。这家公司的领导人，除了我糊涂了，大概永远是我当着了。"柳传志清楚权力边界与企业成败的关系，他解释道："现在控股的这些领导人拥有这家公司一定的股权，他们的股份将是镇山之宝，使得公司不管将来有其他的合作者，其他股东们卖了多少，这块总是一块的，使得公司的大方向能有所保证。"②

回顾创业历程，柳传志感慨："我一路走来基本是荆棘丛生，身上被划得全是血道子，我现在常和很多企业家交流，大概我身上划的血道子算

---

① 《柳传志归来　联想背水一搏》，罗添，《北京商报》，2009年2月6日。
② 《柳传志"老人心"》，李志刚，《东方企业家》，2010年11月刊。

是多的一个。其他人真的没有我那么多精彩，现在这条路，基本是走出来了。"[①] 正因如此，十几年来，柳传志被誉为"中国 IT 教父""中国企业家之父"，不过，他的态度是："我不会把自己真当成一个教父。"

[①] 《柳传志"老人心"》，李志刚，《东方企业家》，2010 年 11 月刊。

张瑞敏：做时代的企业家

张瑞敏是中国企业家里为数不多的喜欢自我否定的人，"永远如履薄冰，永远战战兢兢"。在很多公开场合，张瑞敏都强调，海尔还在探索的路上，难言成功，如果成功了，也应是互联网时代的成功。他曾说过一段富含哲理的话："世界上根本没有成功这一回事，生命是一个过程，所有的成功不过是我们用以自鉴的镜像，直到有一天，我们看到的是沧桑和衰老。所以，没有成功的企业，只有时代的企业。"[1]

改革开放以来，许多张瑞敏的前辈、同辈和后辈企业家已消失不见，有些红极一时，有些从未绽放，而他依然挺立潮头。张瑞敏是时间的胜利者，而海尔是时代的企业。

1984 年年末的时候，"青岛日用电器厂"的牌子换成了"青岛电冰箱总厂"，34 岁的张瑞敏被任命为厂长。

1949 年 1 月 5 日，张瑞敏出生于山东青岛一个普通工人家庭。1968

---

[1] 《张瑞敏：做时代的企业》，中国企业家网，2015 年 11 月 4 日。

年高中毕业后，他顶替父亲到一家五金厂当普通工人。当时青岛只有一所工人夜大坚持开课，张瑞敏每天下班后顾不上吃饭，骑自行车去听课，在五年中风雨无阻，终于学完工科和管理学的全部课程。学习并未影响他的工作，由于不怕吃苦、积极进取，他先后担任班组长、车间主任、厂长、青岛市第二轻工业局家电公司副经理，其间还当选劳模。

20世纪70年代，全国各地都在推广"华罗庚优选法"，人们迫切希望找到一种快速提高生产力的科学方法，这不仅是生产要求，更是政治任务。张瑞敏的工厂刚开始试验，上级就要求"必须马上出成果"，几天之后，会计就开始装模作样地统计"成果"，厂里还组织一个锣鼓队到车间宣传有多少项成果，煞有介事地总结经验。在那个年代，这种"闹剧"每天都在上演，工人们早已习惯，张瑞敏却很难接受。他后来回忆说："所有干的事都可能是假的。上级假装给工人发工资，工人假装工作。"这段经历让他深刻体会到，上下级之间最大的问题是缺乏信任，在日后的管理实践中，他将信任视若珍宝。

1984年年初，青岛被列入14个沿海开放城市之一，对外开放的脚步骤然加快。在那个"项目为王"的时代，能否拿到一个引进项目直接关系企业的市场竞争力，可青岛家电公司已经很久没有拿到一个项目了。1984年，听说德国"利勃海尔"到中国寻找合作厂家，作为青岛市第二轻工业局家电公司副经理，张瑞敏立即买火车票赶赴北京。在此之前，他总共搜集了32个国外厂家的技术资料作比较，最终决定采用利勃海尔公司的电冰箱生产线。因为买的是站票，张瑞敏坐着马扎到了北京。他在马路边买了点花生米，随身带着充饥，在严冬的北风中东奔西走，终于拿到了这个项目。

"利勃海尔"项目需要贷款 900 多万元，确定的合作方青岛电冰箱总厂却是个"烂摊子"，两座厂房破败不堪，像废墟一样毫无生机。这家工厂由手工业生产合作社发展而成，生产过电动机、民用吹风机、电动葫芦、小台扇等，后来生产"白鹤"牌洗衣机。因为做工粗糙、质量低劣，销路一直不好，工人的月收入不到 40 元钱，工厂亏损已达 147 万元。

虽然工厂名为"青岛电冰箱总厂"，但学会造冰箱只有几个月时间。当时为了促成引进"利勃海尔"项目，张瑞敏让人想办法造出一台冰箱。大家从图书馆找到一本单大可编著的有关电冰箱的书，然后四处打听，到上海把单大可请到青岛做顾问，系统讲解电冰箱的基本原理；再派出一个技术部门到北京雪花冰箱厂参观学习，偷师学艺，按照带回来的零件画图纸，用单大可传授的土办法造出冰箱。

眼看着"利勃海尔"的冰箱生产线就要引进，冰箱厂的厂长却临阵逃脱，他给分管领导张瑞敏打电话："你马上派人来，否则一周后厂里出了任何问题都与我无关。"这已经是被各种困难逼走的第三位厂长了。张瑞敏到处找人接手，却没有人愿意站出来扭转乾坤，而他在申请项目时已经向省里和轻工部做出"一定能做好"的承诺。紧迫之下，张瑞敏决定扛起一切，出任厂长，绝不能让这个项目"黄"了。

当时机关干部去企业被戏称为"下地狱"[1]。1984 年 12 月 26 日中午，张瑞敏打电话给妻子："我下午就要到冰箱厂去了，你做一下思想准备吧，干得好也好不到哪里去，不好就不能回来了。"妻子告诉他："无所谓。你自己的事情自己决定，愿意去就去，回不来我养活你。"

---

[1] 《杨绵绵：遇到张瑞敏我的人生改变了》，《楚天金报》，2013 年 3 月 22 日。

就在 1984 年年底，张瑞敏飞往德国，与利勃海尔公司签订引进电冰箱生产设备和技术的合约。这是他第一次出国。行程中一天正好是德国的节日，看着夜空中燃放的绚丽夺目的烟花，陪同张瑞敏的德国朋友指着天上的烟花对他说道："你们中国在德国最畅销的商品就是烟花和爆竹。"

对方的一句不经意的赞美深深刺痛了张瑞敏，他的心里很不是滋味。回到宾馆休息时，他辗转反侧，一个疑问不停在脑海中回荡："难道中国人只能永远靠祖先的四大发明过日子吗？"张瑞敏定下一个目标：由他造出来的产品能在德国市场上畅销，能在世界市场上畅销。正是这次偶然的事件，决定了海尔未来的发展轨迹和企业使命，并深刻影响了此后 30 年中国制造业的发展方向。

走马上任以后，迎接张瑞敏的不是热烈的掌声，而是 53 份请调报告。工人上班没有一点积极性，8 点上班，工人 9 点才到岗，10 点就开始睡午觉。有些人上班就是打牌、下棋、看报纸，甚至在车间随地大小便。虽然工厂有管理制度，但形同虚设，无人遵守。

张瑞敏很快定出 13 条规章制度，包括不准在车间大小便、不准迟到早退、不准在工作时间喝酒、不准哄抢工厂物资等。可是，员工依然我行我素，以为张瑞敏与前几任厂长一样，只是走个过场，搞点形式。当时员工挪用工厂物资的情况司空见惯，为了杜绝这种不良现象，有一天，张瑞敏把车间门窗全部打开，布置几个人在厂房周围蹲守，监视有没有人再来拿东西。没料到，规章颁发的第二天上午，就有人大摇大摆地扛走一箱原料。当天中午，张瑞敏贴出公告，将这名工人开除。这一下，整个工厂都被震住了，规章得到有效落实。

临近春节，工厂负债累累，员工都担心拿不到工资。张瑞敏听说几家乡镇企业资金充裕，于是四处奔波借钱，为陪酒喝得烂醉如泥，终于按时给大家发了工资，还给每人发了5斤鱼作为奖金。工人们非常感动："领导敢为大家借钱过年，咱们也要争口气，好好跟他干，挣了钱把钱还回去。"

从1985年2月起，张瑞敏四处筹措资金，只用一个月就带着工人将厂房改建成功；两个月内，19条生产线全部安装完毕；再一个月后，全亚洲第一批四星级电冰箱从装配线上顺利下线。这一年，中国共有41家电冰箱定点生产厂家，其中40家全部生产三星级产品，只有张瑞敏志存高远地直接上马四星级冰箱，命名为"琴岛—利勃海尔"。

然而，"琴岛—利勃海尔"上市后却无人问津，1560元的售价比700多元的两星、三星电冰箱高出一倍多，老百姓对四星毫无概念。这种状况令张瑞敏始料未及。他立即调整策略，带着员工到商场现场试验，把"琴岛—利勃海尔"电冰箱与日本品牌的电冰箱放在一起，用温度计比较两种电冰箱的制冷功能，强调食品保鲜对提高生活品质的意义。"琴岛—利勃海尔"电冰箱由此打开销路，供不应求。

就在这时，发生了一件震撼中国企业界的大事。有一天，一位客户带着刚买的电冰箱要求换货，电冰箱上一道并不明显的划痕让他有些失望。张瑞敏带着工人到仓库逐个检查，发现400多台电冰箱中竟然有76台存在瑕疵或缺陷。他立即召集全体员工到仓库开会，询问如何处理这些问题冰箱。几乎所有人都认为这些小问题不影响使用，可以作为福利便宜卖给工人，张瑞敏却义正词严地说："我要是允许把这76台冰箱卖了，就等于允许你们明天再生产760台、7600台这样的不合格冰箱。放行这些有缺陷的产品，就谈不上树立质量意识了。"

张瑞敏当场宣布把这些不合格的冰箱全部砸掉。话音未落，他就抢起大锤，重重砸向第一台电冰箱。随后，张瑞敏扔下锤子，要求谁生产就由谁亲手来砸，老员工无可奈何，只好含泪砸掉辛苦生产出来的电冰箱，76台电冰箱在叮当声中烂成一堆废铁。事后有人估算，76台电冰箱的价格相当于全厂职工两年的工资。

多年以后，张瑞敏在采访中谈及此事时说道："只有砸得心里流血，才能长点记性！"

张瑞敏的大铁锤不仅砸醒了工人的质量意识，也砸响了海尔的品牌。后来，只要提到"质量意识"和"品牌观念"，这个经典案例都会一次次被人提起。

这只是张瑞敏管理变革和理论实践的开始，在此后30年间，他以实际行动证明了中国企业家也能做好管理，成为全球有影响力的管理大师。

【时代人物】江平：法治"布道者"

　　江平被称为"中国法学界良心"①，被中国政法大学的学生誉为"永远的校长""中国政法大学的精神符号"。如果说中国的法治是一条河流，那么江平就是修浚河道的人之一，帮助这条河流日渐丰盈。

　　现年88岁高龄的他，依旧活跃在社会公共领域，扮演着法治"布道者"的角色。他并不避讳"公知"的称号，常以法学家的身份对公共事件发表看法。自改革开放以来，他为中国司法独立而奔走呐喊，已坚持了30多年。他经常说："我这一生重视两样东西，一个是真理，一个是自由。"②

　　在中国政法大学研究生院内，可以看到刻在石头上由江平题写的"法治天下"四个流畅的大字。这代表了江平终其一生的理想，更是中国法学人的思想归宿。

---

① 《著名法学家江平：我所能做的，就是呐喊》，朱柳笛，《新京报》，2015年10月12日。
② 《江平：所仰唯真理》，刘文嘉，《光明日报》，2009年6月5日。

1982 年，国家启动《民法典》的制定工作。这是一部综合性的法律，被称为个体权利（私权）保护领域的宪法，其重要性可见一斑。1985 年，刚刚担任中国政法大学副校长的江平承担了这一任务。他的工作伙伴是中国人民大学的佟柔教授、中国社会科学院的王家福教授、北京大学的魏振瀛教授，这四位就是后来法学界尊称的"民法四先生"。

经过艰苦的努力，他们拿出民法典的第四稿。就在这时，时任全国人大常委会副委员长彭真提出，法典制定时机尚未成熟，暂停起草，而以单行法的形式出台。不搞法典而是起草"有中国特色"的民法，这意味着起草者没有国际惯例可循，要有首创精神，独辟蹊径。

1985 年，四人组完成《民法通则》草案第一稿，并提交全国人大常委会进行初步审议。次年 4 月，《民法通则》在第六届全国人民代表大会第四次会议上正式通过。1987 年，中央要求制定行政法和行政诉讼法，点名要求江平主持这项工作。后来，由他牵头，与北京大学罗豪才教授、中国政法大学应松年教授组成"行政立法研究组"。

他们借鉴了国际经验，决定先起草一部行政诉讼方面的法律。从 1988 年开始，《行政诉讼法》成为"行政立法研究组"的主攻目标。这部法律于 1990 年制定并开始实施，距今已近 30 年。《行政诉讼法》颁布实施后，各类"民告官"案件逐年增多。

后来，江平又先后主持和参与了《合同法》《公司法》《信托法》《物权法》等多部法律的起草和颁行，亲历了法律体系的逐步健全和完善。

从 1988 到 1990 年，江平在中国政法大学担任了两年校长，他率先在国内开设了两门介绍西方国家民法的课程——"罗马法"和"西方国家民商法",成为开放后的中国课堂上关于私权理念的最早的启蒙者和传播者。①
去职后,他的学生们依然尊称他为"校长",一直延续至今。这种待遇并
不多见。有1990年毕业于中国政法大学的校友感慨:"江平是永远的校长,
他是中国政法大学的精神符号。"

"只向真理低头"是江平的座右铭。

被江平一直视为"人生最大遗憾"的,是1957年到1979年他与法
律隔绝的时期,他经历了知识分子最苦闷的22年。"我在能够为中国法
治事业做贡献的时候,已经五十岁了,人生最黄金的时代,恰恰应该是在
三十岁到五十岁这二十年。我丧失了人生最宝贵的时间。"②

1957年,江平从莫斯科大学法律系毕业回国任教刚一年。因向北京政
法学院坦陈对整风运动的意见,他在一夜之间被打成"右派",从"人民
的阵营"被划入"敌人的阵营",不能再从事法律专业。在北京西山抬钢
管过铁路,江平累到连火车声音都没有听到,整个人被卷到了火车下,他
幸运地活了下来,却永远失去了一条腿。"从火车轮子底下捡回了一条命,
我觉得对人生应该有乐观的态度,多活一天是多美好的事情!"③如今,
江平仍梦到被划为"右派"时的场景,醒来后仍心有余悸。

即便是22年的苦闷经历,也没能改变江平。在一些重大事件的表态
中,他从不为谁所裹挟,不媚权,也不讨好舆论。他认为,作为知识分子,
思考、发表意见,固然不能屈从于权力,在一定程度上,也不能讨好甚至

---

① 《江平:滥用私权与滥用公权都应受到制止》,黄广明,《南方人物周刊》,
2010年第28期。
②③ 《江平,永远的法大校长》,陈城,《大地》,2010年5月刊。

屈从于舆论。

江平曾遭到网络围攻。上海造成 6 死 5 伤的杨佳袭警案发生后，在一次报告会的提问环节中，有听众问起江平对杨佳案的态度，江平说："我完全同意上海市高院的二审判决结果（维持原判死刑，剥夺政治权利终身）。"① 另一位听众旋即抓起话筒，用激愤的声音说："您在杨佳案上的观点我不同意。假如我手里有一个鸡蛋，我一定会向您扔过去。"

在重庆"钉子户"事件中，江平认为吴苹一家拒绝拆迁，"不涉及公共利益的理由不能成立"②，政府滥用公权力，断水断电断交通，这显然是错误的，严重侵犯了公民权利，而且补偿也不合理。但公共利益不能以吴苹个人的说法为标准。吴萍认为房子拆后盖的是商业大楼，不属于公共利益，江平认为这不能够作为依据；另外，他认为吴苹不执行法院判决是滥用权利。当时，江平的这一表态招致网上抨击如潮。

江平极力捍卫自由民主，却不赞同民粹主义，坚持一切以法律为准绳。"做法律的人要公正，应该关注群众的利益，但是不是一切都以群众的感觉作为最高的感受呢？恐怕不行。"③

一个在时代的路上走得超前且坚持独立人格的人，注定是孤独的。在江平口述自传《沉浮与枯荣：八十自述》的自序中，他流露出这种孤独："我一生中真正能称得上是故友、至交的人几乎没有，这可能与我的人生信条'君子之交淡如水'有关吧！也许是因为自己年轻时被划成了'右派'，故友和至交逐渐离去，人情淡漠，我也不敢再奢求于故友和至交了！"

---

①②③ 《沉浮与枯荣：八十自述》，江平，陈夏红，北京：法律出版社，2010 年 9 月版。

他写书，尤为喜欢"呐喊"这个词，有两本书的书名都用了"呐喊"。一本书是《我所能做的是呐喊》，另一本书是《私权的呐喊》。他想通过呐喊的方式，来说出我们这个社会极其匮乏的常识；想用自己的声音，去呼吁另一种声音。然而，"言者谆谆，听者藐藐"。他的呐喊，如同在空旷的山谷中声嘶力竭地大喊一嗓子，期待许久，却没有得到任何回声。不过，他并不因此而失望，"总得有人喊两声吧"。

《物权法》起草后征求意见，北京大学巩献田教授发布公开信，指出《物权法》草案"背离宪法和社会主义原则"。受其影响，很长一段时间，立法机关都谈"物"色变。江平与一众法学家们集体高调回应这一争议。江平多次重申《物权法》制定的意义："它的基本精神就是对财产权利的保护，尤其是对私人财产权利的保护。过去我们没有一部比较完整和系统的财产法律，《物权法》将填补这一空缺。"①

"《物权法》完全符合宪法精神和改革开放的要求。"2006年两会召开前，江平在一次《物权法》的研讨会上发声。2007年3月16日十届全国人大五次会议上，"五年八审"的《物权法》终于高票通过，并于2007年10月1日起施行。

江平自传《沉浮与枯荣：八十自述》的作者陈夏红评价说，江平的精力，更多地放在"知识分子"的身份上，"他通过演讲、呐喊，成为中国社会法律精神的布道者"②。

2009年，一场突发的脑溢血险些夺去江平的生命。大病初愈，他拖着

---

①② 《著名法学家江平：我所能做的，就是呐喊》，朱柳笛，《新京报》，2015年10月12日。

病体，以更高的频率现身说法，参与公共法律事件的讨论。

如今，在北京南四环一幢普通民居内，江平过着隐居式的生活。他尽量减少外出，让自己习惯于老年生活。但作为一个公共知识分子，每逢重大公共事件，他依然会在第一时间发声，直接或间接推进中国法治化进程。因中风后遗症，他的语速变慢，"没有像过去那么敏锐"。但在某些重大时刻，他又忍不住在公众场合出现，思考、发声、呐喊。他常用胡适的话形容自己："不降志，不辱身，不追赶时髦，也不回避危险。"

江平在80岁时曾许下一个愿望：能切切实实地坚守这两个品质——高举独立的旗帜，高举批判的旗帜。如今，这两杆大旗，耄耋之年的他依然在高举着。

第 四 章

走出体制的"企业家"

1987 年，国家经济贸易委员会、中共中央组织部、全国总工会联合召开全面推行厂长负责制工作会议，国家经济贸易委员会宣布将评选首届"中国优秀企业家"，这是中国第一次出现"企业家"这个名词。在此之前，他们都被称为"厂长"或"经理"。

在中国商业史上，1987 年是一个不容忽视的年份。这一年，42 岁的宗庆后创办娃哈哈，以儿童营养液打开市场；43 岁的任正非创办华为，开始"以奋斗者为本"的创业历程。从这一年开始，"手术刀不如剃头刀，造导弹不如卖茶叶蛋"等顺口溜开始在民间流传，创业浪潮不可阻挡地滚滚向前。

两年之后，27 岁的史玉柱从合肥飞往深圳，以"巨人汉卡"立足江湖，此后又有了盛极而衰、东山再起的传奇故事。王健林接手快要倒闭的国有地产开发公司，靠旧城改造起家，此后将企业改制为万达。这一年，《辞海》中正式出现"企业家"这一词条。

这个时期的创业者对产权、资本和管理已经有一些认识，他们不需要头戴"红帽子"寻求体制庇护。恰恰相反，他们对个人前途命运的焦虑与迷茫，演化成对体制内机会的失望与绝望，毅然投身于创业浪潮。

宗庆后：一瓶水成就"中国首富"

在过去 40 年间，广袤的中国大地上有无数人靠勤劳和智慧改变命运，宗庆后正是大时代里通过个人奋斗实现人生价值的典型：做过农活，修过大坝，卖过冰棍，42 岁创业，靠一瓶水四年三次问鼎"中国首富"。2010年，宗庆后首次被胡润百富榜和福布斯中国富豪榜同时评为"中国首富"。有人问他何以取得今日成就，他回答："其实我并不比别人聪明，我所有的只是一门心思地做成一件事的冲动，并且甘愿为此冒险。我还有只争朝夕的精神。"

他被称为营销大师、管理大师，"离市场最近的企业家"[1]，他身上有中国改革开放后最早一批创业者的典型特征，复杂神秘又朴实真诚。他给了世人很多想象，又让人无法捉摸。一路走来，百转千回，他用奋斗的人生告诉当下的年轻人：任何成功都不是轻而易举获得的。

1945 年 10 月 12 日，宗庆后出生于江苏省宿迁市东大街一处民房里，父亲是邮局职员，给儿子取名的寓意是"（宗家）庆贺有了后代"。宗庆

---

[1] 《宗庆后：做实体经济不要跟风暴利》，熊丽，《经济日报》，2016 年 2 月 25 日。

后是名门之后，据考证是南宋抗金名臣宗泽的后代，祖父曾为大军阀张作霖理财，在多地做过官吏。1949年新中国成立后，宗家迁至杭州安家落户。

宗庆后小时候很崇拜保尔·柯察金，对苏联名著《钢铁是怎样炼成的》爱不释手，后来又迷上《卓娅和舒拉的故事》，对女英雄卓娅非常佩服。1961年，宗庆后报考师范学校，只因为读师范不用缴学费，还有生活津贴。可是由于家庭出身，他没有报考资格。宗庆后从此告别校园，先到车行学汽车修理，后来又四处打零工，还卖过爆米花，以贴补家用。

1963年，宗庆后听说舟山马木农场在招收知识青年，不论家庭出身如何的青年都可以报名。就这样，宗庆后怀着对辽阔海洋的无限憧憬前往舟山。1964年，上级部门关停马木农场，所有知青全部被安排到绍兴茶场。虽说绍兴离杭州更近，可地处偏僻的丘陵地区，知青们的主要工作是种茶、割稻、烧窑。采茶通常由女工来干，男生要到茶场自办的砖窑干粗重的苦活。刚开始，宗庆后的工作是把砖坯、砖块从窑场运到堆场，一个来回有五里多路，山路崎岖不平，每天收工时，他的骨头就像散了架。后来，他被安排到生产技术调度岗位，有了更多的读书时间。

宗庆后的阅读喜好非常广泛，从《史记》到《拿破仑传》，从毛泽东到黑格尔，从中国通史到世界通史，涉及政治、哲学、历史、文学的书籍，他都想方设法找来读。他对故事性较强的中外名著和历史典故情有独钟，书中的主人公大多是超越现实世界的英雄人物。在绍兴茶场，他读得最深、最透、最有收获的是《毛泽东选集》。

在那个时代，《毛泽东选集》是全国最畅销的书，读《毛泽东选集》成为一种政治时尚和理想追求。其实在马木农场期间，宗庆后就读过《毛泽东选集》，可由于当时涉世未深，他读起来还是觉得深奥。随着他对生活和工作的理解日渐深刻，他的世界观和价值观逐渐形成，他从《毛泽东选集》中得到的感悟也越来越多。在日后娃哈哈的管理和营销实践中，宗庆后身上的"毛氏风格"非常明显，堪称"学毛标兵"。

1978年秋天，中央出台文件，规定城镇干部退休后，其在农村插队的知青子女可以返城工作。听到这个消息，宗庆后的母亲毫不犹豫地递交退休申请，希望儿子回来接班。这年12月，寒风凛冽，宗庆后却浑身被暖意包裹，他百感交集地回到离别15年的杭州。然而，造化弄人，宗庆后并未如母亲所愿成为教师，而是被分配到同属教育系统的杭州市上城区邮电路小学工农校办纸箱厂当工人。

本以为回城后可以大展拳脚，没想到去了纸箱厂，无法显露才华。宗庆后经常给领导提建议，甚至当着众人的面发表见解，领导于是派他去挑战供销员一职。这是一份吃苦受累的差事，要每天骑着三轮车沿街叫卖冰棍、作业本、纸板箱等，别人都不愿意干，宗庆后却劲头十足，日子过得很充实。

1979年，宗庆后毛遂自荐到杭州光明电器仪表厂做销售管理员。随着"楼上楼下，电灯电话"由梦想变为现实，城乡用电需求与日俱增，电度表一时间成为紧俏商品。但好景不长，各地电表厂蜂拥而起，仅浙江省内一年时间就新增几百家，光明电器仪表厂的订单逐渐减少，积压产品越来越多。

宗庆后临危受命，背着几十块总重达近百斤的电度表样品，走南闯北找销路。被拒绝无数次之后，他终于在山西省取得突破，有家单位打算以每只23元的价格一次性订购1000多只。虽然利润不多，但可以缓解仪表厂的库存压力。宗庆后连夜给领导打电话报喜，没想到被一口回绝，理由是23元的报价太低，领导派他尽快赶到广州，说有人要上万只，每只可以卖24元。

虽然有些失落，但宗庆后还是听从指示，辗转到达广州。然而意外的是，领导得到的消息并不属实，当宗庆后背着样品到达广州后，对方翻脸不认账，最后故作同情地说道："大老远来了不容易，18元一只，我要500只，怎么样？"

货到地头死。可宗庆后的牛脾气上来了，收起样品转身就走。他不愿妥协，却心有不甘，就在广州挨家挨户寻找买主。有一天他在大排档吃东西，无意间听到邻桌客人谈话，说海南岛正在大开发，那里商机很多。宗庆后没有请示领导，也没有告知家人，第二天一早就赶往海南。

广州的挫败让宗庆后清醒地意识到：大城市竞争激烈，销售机会不多；而县级以下的农村市场潜力很大，值得冒险尝试。到达海南之后，宗庆后就深入当地的县乡，专注于农村市场。这是宗庆后最早运用毛泽东"农村包围城市"的战略思想，之后在他的商业生涯中，这一战略经常出现。

几天之后，宗庆后果然在一个县拿下第一笔订单，虽然数量不多，但令他信心倍增。在后来的一个月内，他跑遍了海南的大小县城，带着与海南一家五金交电公司的供销合同满意而归。领导对这个不太好管理的员工刮目相看，又派他去完成难度更大的催款工作。花了将近半个月，宗庆后到四川、内蒙古等地软磨硬泡，收回了一笔笔欠款。

1981年，宗庆后跳槽到杭州胜利仪表厂，继续做销售工作。当时电风扇开始流行，厂里不再生产仪器仪表，转而生产电风扇。可是各地乡镇企业都在生产电风扇，尤以广东顺德为甚，胜利仪表厂销量不佳，眼看要破产倒闭。1982年，宗庆后回到杭州市上城区邮电路小学工农校办纸箱厂，同时兼任小学的体育老师。经过3年的营销历练，他已经成长为独当一面的将才。一直到1987年，宗庆后都在城市、乡村开拓市场，推销产品，四处奔波。

1986年，杭州上城区教育局打算在系统内组建校办企业经营部，搞承包经营，宗庆后被列为考察对象。1987年4月6日上午，教育局公开招标，结果无人接手，因为条件实在过于苛刻——连经理在内只有3名员工，开办费4万元，还有14万元银行贷款作为可用资金，但需要承包者赚钱还债，当年的利润指标为4万元。3个人，年利润4万元，这在当时几乎不可能实现。

最后，宗庆后站起来说："我干吧！"他还提出了一项要求，年利润4万元太少，他保证年底实现10万元利润。会场内原本议论纷纷，当下鸦雀无声，那些原本还考虑斗胆一试的人，都被宗庆后志在必得的雄心震住了。

1987年5月1日，杭州上城区校办企业经营部挂牌成立。这一年宗庆后42岁，已是中年。

校办企业经营部做的都是别人看不上的小生意，售价几分钱的作业本、橡皮擦，利润只有几厘钱。但宗庆后认为靠这些微利产品正好可以避开竞争，只要踏实肯干，销量上去了，自然能淘到金子。无论白天黑夜，刮风下雨，只要有学校要货，他都会骑三轮车亲自送到，很快就建立了口碑。这年夏天，刚问世的"中国花粉口服液"找宗庆后做代销，这是中国第一代儿童营养品，学校无疑是最佳的销售渠道。

宗庆后预感这将是利润丰厚、前景广阔的大市场。他立即以"改善儿童营养结构，增强儿童体质"的名义向上级递交成立食品厂的报告。1987年7月4日，杭州保灵儿童营养食品厂成立，上城区教育局调拨10万元的设备，提供经营场所，并安排了30名职工；上城区校办企业办公室借贷10万元作为注册资金。宗庆后带着新组建的队伍，在3个月时间内销售了120万盒"中国花粉口服液"。

销量剧增后，生产厂家面临供货困难，宗庆后盘算着顺势从销售介入生产，但打造一条灌装生产线至少需要20万元，而这是厂里全部的资金。宗庆后向领导汇报时故意将投资额缩减为5万元以获得通过。3个月后，300多平方米的灌装车间建成，一条日产量1万盒口服液的生产线开始运转。这一年，宗庆后生产出"花粉口服液"180万支，产值超过270万元。公司全年销售总额436万元，上缴利润22.2万元。

1988年10月20日，宗庆后自主研发、生产的儿童营养液正式投产，这款产品被命名为"娃哈哈"，"娃哈哈"后来发展成中国最具影响力的本土品牌。这个富有纪念意义的日子，之后也被确立为"娃哈哈"的厂庆日。

任正非：守正为非

一直以来，任正非以低调沉稳、志存高远、勤俭朴素、深具危机意识的形象被中国商业界所熟知，全世界都希望透过蛛丝马迹、只言片语来剖析华为崛起的秘密。

任正非是一位通达矛盾哲学的企业思想家，"妥协""灰度""均衡"等华为管理理念都与此一脉相承。更重要的是，任正非洞穿经营管理的本质——"以客户为中心，以奋斗者为本"，并始终以危机意识警醒十多万华为人，共同追求基业长青。

他尊重商业规则与经济运行的客观规律，守正为非，以勤补拙。在他看来，不走捷径才是最快的捷径。

任正非的女儿孟晚舟曾在《华为人》报上发表过一篇题为"风筝"的回忆文章，文中写道："父母响应党的号召，在深圳艰苦工作，他们住在漏雨的环境里。深圳是多雨地区，外面下大雨，里面下小雨，四面透风的屋子里，隔壁邻居说话都能听见。"

1982年，因所在部队被整建制裁撤，团级干部任正非结束了14年的军旅生涯，复员转业到妻子所在的深圳南油集团工作，在集团下属电子公司当经理。可是，初到地方工作的任正非还不适应商品经济，也不具备驾驭能力，栽过跟头，被人骗过。好在一家人总算团聚，他把女儿孟晚舟和儿子任平接到身边，尽管条件艰苦，又处在四处碰壁、迷茫无助的煎熬期，但亲情令他心生暖意。

1987年，43岁的任正非与5位同伴集资2.1万元创办华为，靠两台万用表与一台示波器起家。父母、侄子和他一起挤住在十几平方米的小房间，只能在阳台上做饭。任正非说："当时在广东卖鱼虾，（鱼虾）一死就十分便宜，父母他们专门买死鱼、死虾吃，说这比内地的还新鲜呢！晚上出去买菜与西瓜，因为卖不掉的菜便宜一些。"父母勤俭节约，是为了给他攒一些钱，他们担心儿子创业失败后无法生存。可怜天下父母心。直到2001年1月8日因车祸去世之前，任正非的母亲还说自己存有几万元，留着以后救他，"他总不会永远都好"。而2000年，任正非已被美国《福布斯》杂志评选为中国富豪榜第3位，个人财产估值5亿美元。

创业初期，华为一没技术二没产品，任正非只好给香港康力公司代理HAX模拟交换机，从香港进口到内地赚取差价，是名副其实的"倒爷"。即便如此，他依然雄心勃勃地宣告："20年之后，世界通信行业三分天下，华为将占一分。"他还告诉员工：你们未来要买个阳台大的房子，因为你们将来的钱得用麻袋装，天气好的时候，别忘了在阳台上晒晒钱。任正非深具忧患意识，但从不悲观，始终充满理想主义情怀，乐观前行。

任正非

　　多年以后，任正非提到早年的创业选择时反复说道："华为是由于无知，才走上通信产业。当初只知道市场大，不知道市场如此规范，不知道竞争对手如此强大。"[1] 不过，当时欧美的电信设备商还没有注意到偏居中国南方的这家"草根"公司。它通过自主研发、军事化管理、低价策略等手段迅速崛起，日后成为他们最头痛的劲敌。更难能可贵的是，多年来，任正非始终专注通信设备制造业，对热火朝天的互联网、房地产、金融业从未染指，在中国企业界堪称异类。

　　任正非最喜欢的一首歌曲是《北国之春》，他听过无数次，每次都热泪盈眶，为朴实无华的歌词所感动。他坚称这首歌是为创业者和奋斗者而作，而非一般人认为的情歌。"一个人离开家奋斗是为了获得美好的生活，

---

[1]　《华为国际化路径上的美国壁垒》，杨正莲，《中国新闻周刊》，2012 年第 39 期。

爱情又是美好生活中最重要的部分，但爱情就像独木桥一样，人家过了，你就不能过。离家已经五年，在残雪消融、溪流淙淙的时候，面对自横的独木桥，真不知别人是否已经过去，心爱的姑娘可安在。那种惆怅，那种失落，那种迷茫，成功了又能怎么样？"[1]

1993 年春天，任正非召集 270 位员工开年终总结大会，说着说着，他哽咽道："我们活下来了……"然后泣不成声，用双手抹拭眼泪。

那几年是华为生死存亡的艰难期，任正非每天都想着公司怎么才能活下去。1996 年，华为开始起草《华为基本法》，有两条原则令人震惊。一是实行员工持股制度。任正非大量稀释自己的股份，到如今只有约 1% 的股份，而华为有 7 万员工持有公司股票。二是坚持将每年销售收入的 10% 用于科研开发，研发投入年均高达 500 亿元，这在全世界也是数一数二的大手笔。

《华为基本法》并没有立即改变华为内部管理混乱的局面。1999 年，华为投入 5000 万美元购买 IBM 的 IPD（集成产品研发流程）咨询服务，按照任正非"先僵化、后优化、再固化"的指导思想，整个公司发起"向美国人学习"的活动，逐步走向管理规范化，以往同时研发上百个产品存在的流程问题迎刃而解。

就在这一年，中国电信的业务被拆成四块，寻呼业务划拨到联通，中国移动、中国卫星通信公司被单列出来。受此影响，中国移动和电信取消了不少订单，对华为的生产和销售都产生了巨大冲击，华为当年裁员 10% 左右。此时全球电信行业陷入整体滑坡与衰退，华为如履薄冰。2001 年华为的销售额为 255 亿元，利润为 26.5 亿元。而 2002 年上半年销售收入只

---

[1] 《北国之春》，任正非，2001 年。

有 61 亿元，利润只有 2.2 亿元。2001 年至 2003 年的困难时期，华为陆续淘汰了 10% 的员工，2.2 万名员工中有 2000 人离开。

在此期间的 2001 年 3 月，任正非在企业内刊上发表《华为的冬天》，他写道："十年来我天天思考的都是失败，对成功视而不见，也没有什么荣誉感、自豪感，而是危机感。也许是这样才存活了十年。"这篇文章与《华为的红旗到底能打多久》《活下去是企业的硬道理》《为什么要自我批判？》等一起，成为广为流传的管理名篇。

经过 3 年的艰苦奋斗，2004 年华为的销售收入为 462 亿元，创下一个纪录。这一年，华为实行 EMT（Executive Management Team）集体决策机制，由 8 位管理层领导轮流担任 EMT 主席，每人轮值半年。这项措施为后来推行 CEO 轮值制度埋下了伏笔。这一年，哈佛商学院考察团曾深入华为调研 10 天，最终将华为的成功归结为引入西方的管理、结构、流程、运作等先进经验。不过，任正非骨子里还是东方智慧，他说："管理就像长江一样，我们修好堤坝，让水在里面自由流，管它晚上流，白天流。"[①]他希望企业家只做站在岸边喊"逝者如斯夫"的圣人，让水自己流。

从 2006 年到 2010 年，华为的年销售收入从 656 亿元增长到 1852 亿元。不过，任正非担心艰苦奋斗的精神正在衰退，海外市场面临着危机，甚至整个华为公司"3 年前应该快垮了"。为此，任正非提出对策："我们确定非洲'将军'的标准与上海、北京的标准不一样，年轻人在非洲很快就当上'将军'。你在非洲干，就朝着这个非洲'将军'的标准，达到了就

---

① 《下一个倒下的会不会是华为：任正非的企业管理哲学与华为的兴衰逻辑》，田涛、吴春波，北京：中信出版社，2012 年 12 月版。

是'将军'，就可以拿'将军'的钱。现在我们的非洲员工根本不想回来。"①

2011年年初，华为将组织架构调整为运营商业务、企业网业务、消费者业务三大业务版块。其中消费者业务即是手机。2015年，全球智能手机出货量增长超过10%，而以智能手机业务为主的华为消费者业务收入达1291亿元，同比增长73%。此外，华为在无线设备、IP设备、传统固定电话网络等专业领域已冲入全球第一阵营，与爱立信、思科、阿尔卡特-朗讯等跨国巨头一较高下。

2011年是华为企业史上值得关注的年份，除组织架构调整之外，任正非还同步推出了CEO轮值制度：由三名副董事长轮流出任CEO，每人任期6个月。轮值期间，轮值CEO作为华为集团经营管理及危机管理的最高责任人，全权管理一切事务。

几年来，轮值制度已成为常态，华为三大业务版块健康发展，任正非对这项制度是否长期存在没有下定论，不过他强调"增长速度很快，效率（有所）提高"。如今，任正非在华为的经营管理中只行使否决权，不行使决策权，但他自称"我到现在没有否决过一件事情"。从这个角度来看，华为的新老交替正有序完成，任正非退休已进入倒计时。

2017年，华为实现全球销售收入6036亿元，同比增长15.7%；净利润475亿元，同比增长28.1%。经过30年浮沉进退，华为已经从深圳一家"烂棚棚"里起家的小作坊成长为全球通信行业领导者。任正非以守正为非的管理哲学自成一套管理体系，推动华为走得更远更高。

---

① 《"28年只对准一个城墙口冲锋"——与任正非面对面》，赵东辉，李斌，刘诗平，蔡国兆，彭勇，何雨欣，新华网，2016年5月9日。

　　抬头仰望，华为已是全球商业星河中耀眼的明星之一。夜深人静时，任正非或许仍然会忧心忡忡地自问："当我们遭遇失败之后，能否再建一个新华为？"

史玉柱："中国最著名的失败者"

> 从富翁到"负翁"再到富翁，在史玉柱的商业悲喜剧中，人们只能猜到他的故事会一如既往地如过山车般惊心动魄，却不知道将在何时何地以何种方式呈现。或许正因为有这种既刺激又神秘的悬念存在，"史玉柱"三个字才成为奇迹与神话的代名词。
>
> 如今，"大佬"已隐退江湖，江湖上却依然流传他的传说。史玉柱一直未被人们遗忘，无论成败，无论毁誉。在改革开放 40 年的商业史上，他注定备受争议，也注定是一块永不褪色的招牌。

　　1962 年，史玉柱出生于安徽蚌埠的怀远县城，他的父亲在公安局工作，母亲是工人。1992 年 5 月 27 日《中国青年报》刊登的报告文学《巨人的风采》如此描述少年史玉柱："一本《十万个为什么》为他打开了一个五色斑斓的世界，他按照书上'一硝、二磺、三木炭'的配方自己调制了土炸药，一声爆炸震怒了父母，也从此被冠以一个威风凛凛的外号：'史大胆'！"

　　从初中开始，史玉柱每天早上 5 点就开始爬山，途中要穿过一片栽满石榴树的坟地。事那时天还没亮，他必须克服孤独和恐惧。他从山脚爬到山顶，只为赶在黎明之前和伙伴们一起等待天亮，"大家都爬山，我不去爬山，觉得好像太另类，就养成了爬山的习惯"。后来1997年，巨人大厦工程失败之后，史玉柱带着三名部下攀登珠穆朗玛峰，下山时他们在冰川中迷路，氧气吸完，体力耗尽，差一点就死在途中。

1980年，18岁的史玉柱以全县总分第一、数学119分（满分120分）的成绩考上浙江大学数学系。大学期间，史玉柱的爱好是跑步，他每天从浙江大学跑到灵隐寺，整整坚持了4年。此外，他还涉猎网球、足球、桥牌、吉他、集邮等活动，对新鲜事物有超乎寻常的兴趣，对于每项事物几乎都是同学中最早的尝试者，而且水平都还不错。他的学习成绩并不突出，考试成绩总是处于中游。

升入大三，史玉柱认为纯数学太复杂难学，就选择了计算数学方向。这让他有机会接触到计算机。当时计算机还是小型机，进机房要换衣服换鞋，编写程序还需要打纸带。史玉柱对计算机没有特别的兴趣，更未意识到它的作用，反而觉得操作麻烦，"只是一门课而已"。

1984年，史玉柱到安徽省统计局报到没过几天，就被送到西安统计学院进修，老师是一位在抽样调查方面颇具权威的美国教授。在进修的几个月里，史玉柱不仅了解到国外最新的抽样调查方法，而且发现所有方法都需要用到计算机。回到单位后，他向领导汇报申请，前往广州买回一台价值5万元的IBM个人计算机。

史玉柱开始使用计算机编程，然后找两个人录入，工作效率显著提升，以往二三十人一年才能做完的工作他两天就完成了。后来他又编出一款分析软件，能分析年收入 400 元以下及 400~500 元的农民的消费特征。史玉柱不断完善统计软件，并在 1986 年的全国统计系统年会上大力推广，还获得了一项进步奖和 20 元奖金。当时他每月工资 54 元。

1986 年，史玉柱被上级领导作为第三梯队预选干部送往深圳大学软科学管理系攻读研究生。

深圳大学创办于 1983 年，校风开放，经常举办企业家讲座。1988 年，时任四通公司总经理万润南来校做题为"泥饭碗比铁饭碗更保险"的报告，他说四通是个"泥饭碗"，但是比"铁饭碗"更能变成"金饭碗"。台下的史玉柱深受触动，这是他第一次接受商业思想的洗礼，心中的创业野火开始熊熊燃烧。1989 年，史玉柱从深圳大学毕业，按惯例他很快会被提拔为处级干部，仕途不可限量。令人意想不到的是，史玉柱回到安徽办理了辞职手续。他不顾领导和家人的反对，头也不回地留下一句话："如果下海失败，我就跳海！"

史玉柱成功之后，有媒体曾描写道："1989 年 7 月，在合肥骆岗机场，一个身材高挑瘦削的青年人，登上了飞往深圳的麦道-80 飞机，这个青年人叫史玉柱，当时只有 27 岁。在竞争激烈的高科技领域里，谁也没有想到这个既没资金又没靠山的'小字辈'竟大爆冷门，创办了巨人高科技集团公司。"[1]那时的史玉柱难言踌躇满志，反倒有着一身"风萧萧兮易水寒，壮士一去兮不复还"的悲壮——他只有 4000 元钱和尚未成型的 M-6401 桌面排版印刷系统。

到达深圳之后，史玉柱以 4000 元承包了深圳大学科技工贸公司电脑

---

① 《沉浮史玉柱》，朱瑛石，北京：当代中国出版社，2006 年 6 月版。

服务部，闭门完善集录入、排版、编辑、打印功能于一体的 M-6401，并压缩成便于装进电脑主机的"巨人汉卡"。此时史玉柱身无分文，为了买到8500元的电脑（已是当时深圳最便宜的价钱），他加价1000元，以向销售商获得缓期支付半个月的"优惠"。他又向《计算机世界》报社广告部自荐，仓促刊登了一则只有"M-6401，历史性的突破"几个大字的半版广告。他后来说："如果广告没有效果，我最多只付得起一半的广告费，然后只好逃之天天。"

史玉柱无疑是幸运的。广告登出的第13天，他收到两张总价为2万元货款的订单，并将这2万元全部用于打广告——更多订单如雪片般飞来。4个月后，"汉卡"产生的营业收入超过100万元。之后，史玉柱包下深圳大学两间学生公寓，准备20箱方便面，熬过了整整5个月的"集中营"生活，研发出功能更强的升级版本 M-6042 汉卡。1991年4月，史玉柱在珠海成立"珠海巨人新技术公司"，注册资金200万元。史玉柱解释说："IBM是国际公认的蓝色巨人，我用'巨人'命名公司，就是要做中国的 IBM，东方的巨人。"

后来的故事世人皆知。

史玉柱通过不断升级的"巨人汉卡"，在1992年创下1.6亿元产值，3500万元净利润，成为仅次于四通的中国第二大民办高科技企业。1994年2月，72层的巨人大厦破土动工，下半年，史玉柱斥资1.2亿元开发"脑黄金"，短短4个月回款1.8亿元；1995年他一口气推出12款保健品，同时涉足服装、化妆品等30多个品类。然而，因为不断从保健品"抽血"反哺巨人大厦，史玉柱面临资金链断裂的危机。1997年1月，媒体的"地毯式轰炸"将巨人财务危机放大后公之于众，声称"请人民作证"的史玉柱有口莫辩，也无人愿意为他作证，史玉柱就此成为"中国最著名的失败者"。

正如少有人能预料他从成功者到失败者的角色转换只用了3年，没人相信短短3年后他又会卷土重来。2001年1月，史玉柱以"借钱还债"的方式宣布复出，携"脑白金"卷土重来，又以"黄金搭档"重回巅峰；2003年，史玉柱相继入股华夏银行、民生银行，踏足金融业；2005年，史玉柱以"永久免费"的概念杀入网游；两年后，他的巨人网络在美国纽约证券交易所成功上市，融资总额约10.45亿美元，史玉柱及其女儿的身价由此攀升至395.7亿元。在2007年的"胡润百富榜"中，史玉柱以280亿元位列第15位，成为中国IT界首屈一指的富豪。

2013年4月10日凌晨，史玉柱发布一条微博称："我辞去巨人网络CEO，至此我已不担任任何公司实职。"经过20多年南征北战，年过50的史玉柱不再像初涉江湖时那般狂放不羁、冲锋厮杀，他"终于彻底退休了"。

创业以来，史玉柱就从未淡出过媒体的视线，也未被人们遗忘。或许民众对"脑白金"、《征途》的争议还会继续，但这些都丝毫不会阻碍他创业的脚步，也不会动摇他的商界地位和影响力。他重新定义了"失败"，正如新华社评价的那样："失败有两种，一种是事业失败，另一种是精神失败。很多企业在事业失败以后，精神上也失败了。但巨人在事业上失败后，精神不败，所以可以站起来。"

在中国商业史中，史玉柱注定是一块永不褪色的招牌。

王健林的野心与边界

商场如战场，没有那么多柔情与狂欢。商场上，王健林杀伐果断，如雄狮、猛虎一般。

王健林并不在意外界的负面评价，只要员工和客户说他"豪爽、大气"就行。挥金如土的背后深藏着他"永远争第一"的商业逻辑和野心。2013年，他以860亿元身价成为福布斯富豪榜上的"中国首富"。2017年，万达陷入种种危机，王健林"断臂求存"，力挽狂澜。危机似可迎刃而解，但问题亦随之而来：多元化扩张和政商关系的边界在哪里？20多年来，公众从未停止对王健林政治背景的猎奇和探问。

野心与边界的冲突，就像一场左右手互搏术，要么得道成武学奇才，要么自毁于走火入魔。这不是王健林一个人的修炼，它几乎是所有企业家的心魔。

1985年，邓小平启动"百万大裁军"计划，团级干部王健林响应号召，第二年转业至大连市担任西岗区政府办公室主任。1989年，王健林出任西岗区住宅开发公司总经理，公司只有20多名职工，没有公务车，唯一的交通工具就是租来的破面包车。这家企业于1986年创办，1988年时负债

149 万元，濒临倒闭。王健林抓住旧城改造的机会搞房地产开发，上任当年就扭亏为盈，营业收入高达 1285.8 万元，净利润 291.2 万元。政府奖励他个人 15 万元，他却全部分给了员工。

但是，体制的束缚令王健林痛苦不堪，因此当 1991 年国家经济体制改革委员会在大连选 3 家企业作为股份制改造试点时，他主动申请，而当地不少有名的大公司却推诿退避。改制意味着打破"铁饭碗"，企业领导将失去官员的身份，这份魄力和勇气并非人人具备。然而，这段股权改革之路整整走了 16 年。经过烦琐的股权置换，直到 2007 年 1 月，国有股和员工认购股才彻底退出，以王健林为法定代表人的上海万尚置业有限公司占大连万达集团 49.25% 的股份，成为最大股东。

1993 年 5 月，大连的市场已无法满足王健林的野心，他远赴广州番禺，迈出跨区域发展的第一步，没想到这次冒险差点让他倾家荡产。王健林找到一个合作伙伴，共同投资 2 亿元开发一个住宅项目，对方占大股份，但是当他把钱投进去之后，合伙人却携款潜逃。愤恨交加的王健林把对方告上法庭，在判决之后把公司接手过来，然后硬着头皮往前冲，不断追加投入继续开发，到最后总算没亏本，还赚了几千万元。

经过之后 7 年的南征北战，万达从区域小开发商成长为名扬全国的大地产商，大连万达足球队威震亚洲，王健林的个人声誉到达高峰。然而，2000 年，王健林却宣布退出中国足坛，万达也将淡出住宅地产，进军商业地产领域。王健林认为，房地产企业最大的问题是现金流不稳定，资金都押在项目上，一旦遇到国家政策的调整会更麻烦。只有盖房收租才能保证现金流源源不断，王健林希望借此解决永续经营的问题。

王健林

　　王健林喜欢西汉贾谊《治安策》中所写的"如身之使臂，臂之使指，莫不制从"。他雷厉风行，令行禁止，公司男员工须着深色西装系领带，女员工须着职业装、化淡妆，所佩饰品不超过 3 件。他严于律己，时至今日依然每年工作 360 天，只在春节休息 5 天。虽然公司规定 8 点半上班，但只要不出差，他早上 7 点 20 就到达公司。员工因此也不敢怠慢，基本与他同时。他记忆力强、反应速度快，交流中很快就能找准核心问题。据说下属在汇报工作时经常紧张得声音颤抖。他步履极快，身旁的助理和保镖需要小跑才能跟上。他做决策时不会拖泥带水，沈阳市的万达广场一直经营不好，他直接下命令炸掉重建。

　　2001 年年底，万达第一个商业地产项目在长春启动，但是内部反对之声此起彼伏。当时住宅地产热火朝天，所有项目在图纸设计阶段就能销售一空，而商业地产投资巨大、回报期太长。可是，王健林拍板的事在公司无任何商量余地，"志在必得"是部下对他的评价。他坚忍执着，"认准方向一定会走下去，逢山开路，遇水搭桥。没有什么他觉得自己做不到的"[1]。

"2000年至2003年，4年，222场官司，"他说，"那段时间每天去公司什么事都不用做，专门应付打官司。"[2]为此，万达还被中央电视台《新闻联播》点名批评。2004年，经过5年摸索，运作12个项目，投入9亿元现金（赔偿款）之后，宁波项目的大获成功终于让王健林找到灵感：既能卖商铺又能卖住宅，既有现金流还能经营物业，最关键的是不用打官司。这种"持有统一经营"的方式正是日后"万达模式"的雏形。2006年，万达城市综合体模式再创辉煌。王健林说："过了2006年，忽然感觉什么都顺了，像爬过一个陡坡，面前是一片平坦的高原。"[3]

如今，万达广场遍布全国各大中城市的核心地段，总部则位于北京三环与四环之间。从天安门沿长安街往东走6千米，占地10万平方米的万达广场耸立于此，这里是北京中央商务区核心地段。占据或打造城市最繁华的核心地段是王健林的地产逻辑，他像再造心脏一样掌控城市的脉搏跳动。王健林的办公室在距离地面100米的万达广场B座顶层，坐北朝南，由两个巨大的套房组成，墙上挂着据说价值3000万元的《长征万里图》。此图呼应着他的执着与坚忍，也象征了他的雄心。

王健林深谙以所有人的梦想成就自己的梦想，擅长以自己的野心激发

① 《万达：王健林的"加"法原则》，杜丽娟，《中国经营报》，2013年1月7日。
② 《"首富"王健林的万达梦》，方烨，《经济参考报》，2013年9月27日。
③ 《万达的加法》，王琦，《中国企业家》，2009年第17期。

所有人的野心，万达也在梦想和野心的驱使下不断壮大，并催生更大的野心。至2013年，万达已不只是一家地产公司，其产业版图延伸至商业、酒店、文化、零售等诸多领域，而且全都做到行业第一：商业地产持有物业超过1000万平方米，居国内第一；40家五星级酒店，居国内第一；电影院线730块银幕，居国内第一。产业无限扩展，精力却无法无限生长，王健林如今专注于文化创意产业，并且只负责投资和创意决策，这是他的精力和管理边界，但是产业边界又在哪里？

其实，万达扩张有其清晰的商业逻辑：所有产业都围绕商业地产为核心展开，并非毫无关联或生硬叠加。万达广场是消费、娱乐、交流的综合体，超市、百货、影院、游乐中心、KTV等业态都必不可少，但是在有些领域，万达很难找到相匹配的合作方，比如影院、超市，王健林只能自建。他无法容忍某种业态制约综合体的发展。当然，如果有哪项"派生"业务有机会从中国第一跨越为世界第一，边界的约束显然就无法阻挡野心的燃烧，比如电影市场。

2012年5月21日，耗时两年的并购谈判终于尘埃落定，万达集团以26亿美元收购美国第二大院线集团AMC，并承担全部债务，日后还将投入不低于5亿美元的资金参与运营，交易总额达31亿美元。并购成功后，万达集团将成为全球规模最大的电影院线运营商。不过，这远非王健林的终极目标，他豪情满怀地说："到2020年，万达集团将要占据全球电影市场约20%的市场份额，接下来，万达集团还将对欧美等国大型院线进行并购。"[1]

① 《万达鲸吞AMC 扩张恐背新包袱》，吴黎华，梁倩，侯云龙，《经济参考报》，2012年5月22日。

　　王健林曾表示公司做到 1000 亿元后他就退休，没想到目标很快就实现了。他又推迟了 10 年，将目标模糊设定为"把万达带到一个高度上，成为世界级的优秀组织"[①]。在他的产业蓝图里，万达未来的核心竞争力不是商业地产，而是文化和旅游。他希望通过 5 至 8 年的时间彻底转型，使万达在 2020 年，营业收入排入世界前 100 名，地产类收入下降到 45%以下；在所涉业务中，至少有三四个行业能成为全球第一，剩下的也能做到全球前几名。

　　然而，寒流不期而至。2017 年 7 月 10 日，融创中国宣布以 295.75 亿元收购万达 13 个文旅项目 91% 的股权，并以 335.95 亿元收购万达旗下 76 个酒店项目，合计交易总额为 631.7 亿元。这个消息令业界震惊，年初王健林还表示要加大旅游投资，如今却大量出货变现。无疑，万达遭遇危机，时代在变，王健林顺势而为，因时而变。

　　无论时代如何变幻，有野心的人才能拥抱未来，而强大的野心需要坚定的信仰。令人无法参透的是，王健林内心深处的信仰是什么？

　　在王健林办公室门口有一尊卧佛，在会客厅里有一座弥勒佛，王健林还曾写过一首禅意很浓的七言绝句："商战经年财富雄，向来万事皆成空。唯有余生管行善，一片净土十世功。"或许在办公室里，他是信奉一切随缘、敬畏边界的佛徒；踏出门槛的他，又瞬间充满"王者归来"的霸气和野心。

---

① 《王健林的秘密　13 亿人就是我最大的依靠》，胡沛，《成都商报》，2013 年 12 月 19 日。

【时代人物】金庸：把武侠小说写进文学史的"一代宗师"

金庸无疑是 20 世纪中国文学史上的一个奇迹。他创作的 14 部武侠小说——"飞雪连天射白鹿，笑书神侠倚碧鸳"在华人世界长盛不衰，风行至今。只要有华人的地方，必有金庸的小说。

他以一个文学家的敏锐，将通俗小说的娱乐性、侠义性与经典文学的文化性、思想性、人性及现代精神融为一体；他在通俗中完美地嵌入传统和现代的思想，使武侠小说打通了雅俗界限，获得了最大的读者群。他既传播了中国古代的优秀文化，又用生动优美的语言和故事向民众输入了现代思想；他在创作中谋求情节与性格的互动，注重在情节发展中体现人物性格，着重塑造栩栩如生的人物形象，让人过目难忘，回味无穷。因此，金庸的武侠小说被广大读者誉为"成年人的童话"。

金庸原名查良镛，1924 年 3 月 10 日出生于浙江省海宁市。金庸在当地镇上读完小学，读中学时正值抗战爆发，他先去了由 7 所流亡的学校合并而成的联合中学，后来又转到衢州中学。

上学之路坎坷，但金庸的生活很充实，家里的三间书房成了他童年时的领地。据他的弟弟回忆，书房里有《荒江女侠》《封神演义》《儿女英雄传》《明史》《水浒》……这些书，金庸早早地就读完了。据说《荒江女侠》是他 8 岁时看的。除此之外，金庸家里还有很多新文艺作品，这些都成了金庸的读物。

10 岁那年的圣诞节，父亲送给金庸一本狄更斯的《圣诞颂歌》，金庸说这是"一个伟大温暖的心灵所写的一本伟大的书"。很多年后，每到圣诞节，金庸都还要翻出这本书来读上几段，以怀念父亲。

良好的阅读氛围奠定了金庸扎实的文学功底。他读高中一年级时，写了一篇嘲讽训导主任的寓言故事《阿丽斯漫游记》，因"亵渎师长，败坏学风"而被校方开除。这篇文章不仅彰显了金庸的文学才华，也充分展示了他敢于反抗强权，追求真理正义的精神。转到衢州中学后，金庸开始向东南地区的一家大报《东南日报》投稿。他撰写的《一事能狂便少年》《千人中之一人》等文章，陆续在《东南日报》副刊上发表，收获了不少好评。

1944 年，金庸考入重庆中央政治大学外交系。1946 年秋，他进入上海《大公报》任国际电讯翻译。1952 年被调入《新晚报》编辑副刊，之后写出了《绝代佳人》《兰花花》等电影剧本。1959 年，金庸等人于香港创办《明报》。

金庸是现代武侠小说的集大成者，也是中国文学史上的一代名家。金庸曾说："武侠小说本身是娱乐性的东西，但是我希望它多少有一点人生哲理或个人的思想，通过小说可以表现一些自己对社会的看法。"可见，他一直在自觉追求作品的思想性和文化品位，希望借"江湖"表达一些对社会和人生的看法。

金庸的武侠小说中都有一个独立的"江湖",侠客们在这个圈子里奋斗、追梦,通过武力获得话语权,伸张正义,快意恩仇。武侠小说发展早期,"江湖"还充满着"十步杀一人,千里不留行,事了拂衣去,不留身与名"的潇洒,仿佛一个封闭、单纯、鲜有人间烟火的乌托邦。发展到后来,武侠小说的现实批判性越来越强,侠的世界与现实世界的纠缠越来越多。金庸通过复杂的故事情节来反映人性,他的小说体现了社会及人性的意义,具有深刻的思想性。

金庸的武侠小说弥漫着厚重的文化气息和深刻的民族精神。他的小说中贯穿的线索,可以说是见义勇为的侠义精神。他把文化渗透到武侠的核心"武"里去,渗透到对武功的描写里去。他借武技的较量,写出了中国文化的内在精神。他写武打,实际上写的是文化,读者从中可以悟出中国道家的文化内涵,可以看到中国佛家的文化精神。在金庸笔下,书法也成了武功的一种表现方式。他调动自己在这方面的深厚造诣,使得武侠小说上升到一个高品位的文化层次。他就是这样借传统文化来阐释武功修养乃至人生的哲理,使之相互呼应,相得益彰。

金庸小说里的文化内容涉猎广泛,不论是儒家、佛家、道家,还是墨家、法家等,诸子百家的许多内容都能在小说中找到影子。可以说,金庸的武侠小说涉及千百年来中华民族众多的文史科技典籍。有一位专家对金庸小说里写到的"河图洛书"作了一些考证,发现金庸的见解考据严谨,完全可以作为研究"河图洛书"众多见解里的一种。

金庸的武侠小说题材都是古代的,他借古喻今,彰显的却是现代精神。

传统武侠小说中一个普遍的观念就是"快意恩仇",而金庸的小说从根本上批判和否定了"快意恩仇"、任意杀戮的不健康观念。《射雕英雄传》大结局时,郭靖和成吉思汗有一场辩论,年迈的成吉思汗回首一生,志得意满,非常自豪,认为古今英雄无出其右者。郭靖却表示不同意:"自来英雄而为当世钦仰、后人追慕,必是为民造福、爱护百姓之人。"郭靖的话体现出金庸的思想,他提出了以大多数群众的利益为尺度来检验各派斗争的主张,使正邪之论有了客观的标准,这一思想是富有深刻的现实意义的。

在创作上,金庸是融合传统与现代的典范。一般人都认为武侠小说可以天马行空,胡吹海嗙。这种观点显然是错误的。金庸对武侠小说的创作是严谨和严肃的,比如在动笔创作《射雕英雄传》前,他参阅了《蒙古秘史》《南诏野史》《元史》《新元史》《皇元圣武亲征录》等大量史书;写《飞狐外传》时查阅了《明史》《明纪》《明季北略》《澧州志》《吴三桂演义》;写《鹿鼎记》时则参考了《清史稿》《世祖出家事考实》《玉林国师年谱》等。读者在欣赏武侠小说的过程中,也可以学到不少历史知识。小说发表之后,他还不断地打磨,有的修改三四遍,有的甚至重写。这样严肃认真的创作态度,跟"五四"以来许多优秀的新文学作家是一脉相承的。

金庸的语言是传统小说语言和新文学语言的综合,兼有两方面的长处,既传神又优美。金庸在行文中以白话为主,偶尔间以通俗优美的文言词句,形成了既不失韵味又深具民族特色的语言风格;结构上,沿用传统武侠小说的章回体,一般只设四十回到五十回,在回目设置上,弃用两句对称的句式结构,一般用七言对称句或四字句或词或单言散句,风格自由开放;叙事上,金庸不仅从传统小说全知全能的叙事角度出发连贯叙事,更多地进行交错叙事，增强了情节的真实性和读者的参与感，使故事一波三折，更能感染和打动读者。

从一向以高雅、精品为出版定位的三联书店推出 36 册《金庸作品集》时起，从严家炎教授在金庸的北大受聘典礼上发表"一场静悄悄的文学革命"的讲话时起，金庸的名字一次次在学术界、文坛引起热烈反响。对金庸的研究渐渐成为一门"金学"，有学者甚至预言："'金学'与'红学'的并驾齐驱只是时间早晚的事！"[①]随着"金庸热"的风行，各种荣誉也纷至沓来：1998 年金庸获文学创作终身成就奖，2000 年获大紫荆勋章，2009 年 9 月被聘为中国作家协会第七届全国委员会名誉副主席，同年荣获 2008 影响世界华人终身成就奖。2001 年，国际天文学会还以"金庸星"命名了北京天文台发现的一颗小行星。

面对这些，金庸欣然受之，泰然处之。有一则关于他的小故事，可以看出他的人生追求。20 世纪 80 年代，他因参与起草"基本法"受到民主派的批评，说他有当特区行政长官的野心。对此金庸公开予以反驳，他说："当行政首长有什么好？金庸的名和利相信都不会差过港督。今日全世界知道金庸的，会多过知道不论哪一位港督的呢！一百年之后，恐怕相差更远吧！"[②]

① 《新武侠二十家》，陈墨，北京：文化艺术出版社，1992 年 6 月版。
② 《金庸传》，傅国涌，北京：北京十月文艺出版社，2004 年 2 月版。

第 五 章

进击的"92 派"

"92 派"企业家冲破安贫乐道的传统观念，对财富的渴望被空前释放，他们从体制内出走，寻找到市场的空白领域，孤注一掷。这一代创业者有些彷徨失意，虽弱小稚嫩，但智商高、情商高、胆子大。他们是最接近市场经济和本土特色的创业者，凭借成就功名的热血、发财致富的渴望和产业报国的理想，在 20 年间从精明逐利的商人蜕变为有情怀、有格局的企业家。

企业界和学界对"92 派"有专门的定义，有些企业家已被贴上这一标签和烙印，比如陈东升、田源、郭凡生、冯仑等。其实，这个范围还应该更广。1992 年，俞敏洪已被北大开除公职，他自谋出路，开培训班糊口，贴小广告招生。董明珠初到珠海，凭勤奋、坚忍和实干在销售中如鱼得水，后来被称作"营销凤凰"，一步步完成由职业经理人向企业家的蜕变。熊晓鸽接触 IDG（美国国际数据集团），并且第一个将"风险投资"引入中国，他的创业故事也由此开篇。以冯仑为代表的"万通六君子"开始在海南打拼，激情燃烧的岁月写满了荒诞不经和创业维艰。李宁从奥运冠军转变为创业者，始终怀有一颗"冠军的心"。

这一代创业者用智慧和激情影响了中国经济进程，在商业史上留下了不可磨灭的印记。他们举步维艰，他们勇往直前；他们逆境生存，他们顺势发展。这代人及他们创办的企业，对于中国民营企业和中国商业史研究具有非同一般的样本价值。

俞敏洪：走下讲台，走向成功

在群星闪耀的中国企业家群体中，俞敏洪算不上"高端、大气、上档次"的典型，却是千万中国大学生和青年创业者喜爱的"留学教父""心灵导师""精神领袖"。美国《时代》周刊评价说：这个一手打造了新东方品牌的中国人被称为"偶像级"的人物，就像米奇之于迪士尼。

俞敏洪志存高远，稳重坚毅，有开阔的胸襟和细腻的情怀。在过去20多年里，他将新东方从一间教室、十几个学生的培训作坊发展成为中国最大的民营教育服务机构，而且在移动互联网时代发展在线教育，不断变革突围，拥抱新变化。这或许是他身上最吸引人的地方。

俞敏洪经过三次高考才考上大学。1978年，俞敏洪第一次参加高考，英语只考了33分，他名落孙山；第二年，他再次参加高考，英语考了55分，再度落榜。两度高考失利对俞敏洪打击很大，同村跟他一样两次高考失败的一个同学已经决定在家务农了，想到未来"面朝黄土背朝天"的生活，他对父母说："我想再考一次。"这一次，俞敏洪考上了北京大学。

1980年9月，俞敏洪穿着打了补丁的白衣蓝裤，背起行囊，平生第一次坐火车，到北大西语系报到。进入燕园，俞敏洪感觉眼睛都不够用，一砖一瓦、一草一木都是那么新鲜，但周围人异样的眼光也让他清醒，同学们大多都穿着得体，面庞白净，而他一身泥土气息，显得有些另类。"天之骄子"的自豪感顿时烟消云散，俞敏洪第一次感到自卑，打击就此开始。

第一次班会上，同学们都站起来做自我介绍，轮到俞敏洪，他性格腼腆，从没有当众讲话的经验，全身都绷紧了，说话结结巴巴。话音未落，主持班会的班长，也是后来新东方的创业元老王强插话道："哎，这位同学，我说你能不能不讲日语？"同学们哄笑起来，俞敏洪尴尬地坐下。因为乡音浓重，他的普通话非常不标准，同学们都没有听懂他在说什么。很长一段时间里，俞敏洪害怕跟同学讲话，他常常一个人躲在角落里默不作声，也很少参加集体活动。

大学第一学期，有一天俞敏洪正坐在宿舍里暗自惆怅，想要回江阴农村。舍友周华递给他一个苹果，安慰他"面包会有的，一切都会有的"。俞敏洪说："我最大的愿望是拥有一辆崭新的永久牌自行车。"他问周华的愿望，周华不假思索地回答："我的愿望是将来拥有一辆保时捷汽车。"俞敏洪深受震动。周华是班上口语最好的同学之一，受其影响，俞敏洪开始疯狂背诵《新概念英语》。三十年后，周华已成为澳大利亚赫赫有名的华人企业家，他还出版了一本名为"从自行车到宾利：一个北大学子的创富之路"的自传。而此时俞敏洪的愿望也早已超越对永久自行车的追求。

大三这年，俞敏洪酷爱阅读《红楼梦》，读到林黛玉"每岁至春分秋分之后，必犯嗽疾"的情节，哀叹她红颜薄命的同时，竟不由得惊惧，因为他自己也在间歇性咯血。他到医院检查，医生告诉他患有肺结核，必须马上住院。

俞敏洪不敢相信事实，自己这么年轻，怎么会得肺结核呢？医生说15岁到35岁的青少年是结核病的高发群体，以他当时这种身体状况和心理状态，得肺结核的概率很高。

此后一年多时间里，俞敏洪"面色苍白、身体消瘦，阵发撕心裂肺的咳嗽"。他不得不休学一年，躺在北京西郊妙峰山山脚下的北京市结核病医院治疗。这里宁静空旷，秋风萧瑟、树叶飘落时，俞敏洪心中无限悲凉，深感绝望。山脚下有一座纪念辛亥革命烈士的纪念碑，镌刻有冯玉祥将军题写的"精神不死"四个大字。俞敏洪回忆说："每当感到绝望时，我就逃出病房去爬那座小山，然后坐在石碑前，安安静静地发呆，默默流泪，在泪眼迷蒙中感受'精神不死'四个字带来的震撼、洗礼与振奋。"[①]

因为患病休学，俞敏洪只好从1980级转到1981级，悲哀的是，聚会时两届同学互相问候，却没有一个人看望俞敏洪，大家都认为俞敏洪不是自己的同学。这让敏感的俞敏洪感到辛酸。痊愈之后，由于服药的

---

① 《柔韧有"俞"：你所不知道的俞敏洪》，张翼，北京：中信出版社，2012年4月版。

关系，俞敏洪的脸上布满疮疤，这让他更加自卑，直到毕业都少言寡语，形单影只。

正因如此，在北大的五年间，俞敏洪练就通过观察别人的表情和语言判断其心理的能力。他自称 90% 的情况都不会失误，他可以通过眼神、表情、言语判断对方在想什么、要干什么。他解释道：因为敏感、自卑、不相信自己，就会下意识地对别人的言行保持关注。俞敏洪引以为豪的一件事是在此期间，他阅读了 800 多本书。当他日渐发现周围同学读书比他少，发表意见不如他高明时，就开始逐步建立了自信心。

1985 年，俞敏洪大学毕业，留校担任英语老师并结婚生子。两年后，赴美留学的热潮开始盛行，周围的同学、同事、朋友陆续出国，后来的新东方"三驾马车"中的王强、徐小平在这个时期分别去了美国和加拿大。1988 年，俞敏洪参加托福考试，考了近乎满分。那时候，赴美留学要缴纳 30~50 美元的申请费，而这相当于俞敏洪一个月的工资。

俞敏洪共拿到 8 所美国大学的录取通知书，但只有一所学校给予他一半的奖学金。当时留学美国每年需花费至少 2 万美元，他根本无力负担。而且，他每次申请签证都被毫无理由地拒绝了，整整 4 年无功而返。

迫于留学费用的压力，俞敏洪利用业余时间在校外讲课。1989 年，俞敏洪通过创办东方大学的几位老教授挂靠东方大学开办英语培训班，只需交些品牌使用费就行。开办培训班之后，俞敏洪每个月能挣 2000 多元，相当于在北大教书一年的工资。挂靠东方大学之后，俞敏洪认为名正言顺，就大张旗鼓在北大张贴培训班招生简章，招生点就在他的宿舍楼下。英语系领导觉得此举会影响院系主办的培训班，向校领导表达不满。最终，俞敏洪因为违反"未经校方同意，北大老师不得在外兼职、授课"的内部规定，被行政记过。多年后俞敏洪仍然难以释怀，"我在北大的前途与命运，彻底终结了"。

他的母亲得知消息后，哭着威胁说："你要是离开北大，我就自杀。"可俞敏洪已别无选择。1991年夏天一个夜晚，他含泪放弃成为北大教授的梦想，把全部家当装在一辆三轮车上，悄然走出北大南门。他心中不舍的，还有北大分给他的8平方米宿舍。

离开北大之后，俞敏洪租用中关村第二小学的一间小教室，以"原北京大学教师俞敏洪免费英语讲座"吸引学生。令他意外的是，第一次讲座就来了不少人，他滔滔不绝地在昏黄灯光下讲了一晚上。

张贴小广告在当时是很管用的招生宣传方式。三年时间里，俞敏洪刷遍了海淀区马路边的电线杆。他总是骑一辆老式自行车在大街小巷游荡，只要看到电线杆就停下来，拎着糨糊桶，拿一把鞋刷把用毛笔书写的广告抹上糨糊贴上去。大冬天室外零下十几度，他的双手冻得发麻，他咕咚喝下几口二锅头，借着暖和下身子接着贴。很多年后，他还开玩笑说，看到电线杆就感觉亲切。

不过，戴红袖章的街道居委会大妈们经常找俞敏洪的麻烦，要他缴纳罚款并清除小广告，他只好在夜里拿小铲子一张张清除。俞敏洪回忆说，为了不被罚款和惩罚，他就和老大妈们套磁，一遍遍说好话；为了笼络这些老大妈，他甚至答应为她们开一份工资。在他的鼓励下，还真有四五位老大妈进入新东方工作。2003年新东方股份制改造时，有10年工龄的老大妈都拿到5万～8万股股票；3年后，新东方在美国纽约证券交易所上市，她们一夜间都成了百万富翁。而此时，俞敏洪身价达 2 亿美元，成为人们眼中"中国最富有的老师"。

多年之后，北大 1980 级西语系同学相聚未名湖畔，班里很多同学都激动热情地与俞敏洪握手："当年怎么就没看出你能成为中国最富有的老师呢？"

恐怕那时候俞敏洪自己也没有想到。

董明珠：拥抱孤独

如果没有董明珠，这个以男性为主的商业世界将会多么枯燥无趣。

董明珠已经习惯被"粉丝"追捧，被媒体讨论，尽管身处日渐被边缘化的家电制造业，她却意外成为千万职业女性的精神导师和励志女神，"铿锵玫瑰""营销凤凰""中国阿信"等雅号广为流传。在家电行业，她一再改变游戏规则，也改变了人们对当代女性的传统看法，竞争对手评价她"走过的路不长草"。

其实，董明珠外表霸道，内心柔软。只不过，市场经济的游戏规则就如同自然界的竞争法则：弱肉强食，优胜劣汰，非霸道无以生存，非霸道无以成长。董明珠必须和男人一起战斗，并且要更霸道，才能做到"掌握核心科技"。

"我从来就没有失误过，我从不认错，我永远是对的。"[1]这不是疯话，

---

[1] 《营销女皇董明珠：从普通销售员到格力空调总裁》，张廷伟，北京：中华工商联合出版社，2007年7月版。

也不是气话，这是董明珠的口头禅。

董明珠说话声音洪亮，频率很快，语气中有不容置疑的自信，让对手找不到可以胡搅蛮缠的漏洞，这就是她招牌的讲话风格。她自我形容要么不说，要说就非得说赢，逼得人家认错服输。这种强硬的性格与董明珠的成长经历有莫大的关系。

1954年，董明珠出生在江苏南京的一个普通家庭，家里有七个兄弟姐妹，她的年龄最小。那是一个崇尚英雄的年代，董明珠和所有女孩子一样，梦想着将来做一名军人，因为他们是"最可爱的人"。但是那时候女孩子当兵并非易事，董明珠并没有如愿，只能继续读书。自读中学起，她就得了个"常有理"的外号，这种说不清是娘胎里带来的还是后天历练成的性格，让她在同学们心中留下强硬、固执的印象。

后来，董明珠进入安徽芜湖干部教育学院学习。毕业回到家乡后，她在南京一家化工研究所做技术工作，一直兢兢业业。结婚之后的董明珠对未来生活满怀憧憬，不料一场噩运袭来，丈夫英年早逝，那时候儿子才两岁，董明珠咬紧牙关，默默承受生活的重压。1990年，36岁的董明珠将刚上小学二年级的儿子托付给母亲，转身踏上南下的列车，也从此开启了人生的第二个"春天"。

其实，董明珠在进格力之前对营销完全陌生，是个"门外汉"。她看到很多人都在下海，就想：别人都能做营销，凭什么自己就不能做？格力创始人朱江洪觉得她的工作背景更适合搞行政，但是董明珠有自己的想法：既然下海了，就要从基础做起，做销售。

董明珠

　　1994年10月，董明珠结束3年的业务员生涯，回到珠海格力电器总部。当时正值秋冬，格力电器却早早步入"严冬"。公司发生"集体辞职"事件，主管销售的副总和营销人员集体跳槽，投奔到竞争对手门下。不仅如此，在11月的1995年度订货会上，格力原副总经理带着8名业务员、2名财务人员将300名经销商带到了竞争对手那里。作为"金牌业务员"，当时有企业开出200万的年薪聘请董明珠，但被她一口回绝。动荡过后，朱江洪主持内部民主选举，董明珠升任格力电器营销部部长。

　　没过多久，有一位经销商想从格力拿货，但他不是格力的会员，就找到董明珠的哥哥，希望能帮忙拿货，并且郑重承诺给他2%的提成。哥哥从南京千里迢迢赶到珠海，却被董明珠无情地拒之门外。不仅如此，董明珠还给那位经销商打电话，表示从此停止向他供货。对方一头雾水，董明珠斩钉截铁地说："你不是找我哥哥吗？你让他给你拿货，所以我现在决定停止给你供货。"

从此以后，伤心透顶的哥哥再也没有理睬过这位"六亲不认"的妹妹。董明珠对经销商毫不退让，对亲戚朋友也绝不徇私，不讲情面，始终一人艰难前行。

"在格力的 15 年中，我对得起公司，对得起客户，也对得起自己，唯独对不起家人，尤其是我的儿子。我要是一个普通的家庭妇女就好了，也许那样儿子会更幸福。"[①] 这么多年来，董明珠一直觉得欠儿子太多。她在办公室的显眼位置放着与儿子的合影。2006 年，董明珠荣获"CCTV中国经济年度人物"，站在领奖台上，她从容镇定，但当收到儿子一条"亲爱的妈妈，恭喜你"的短信之后，她顿时泪如雨下。那一刻，母爱体现得淋漓尽致。

董明珠喜欢周华健唱的《朋友》，尤其是"不经历风雨，怎么见彩虹"这句。但是为了工作，她没有什么朋友，或者工作的关系让她根本就交不了朋友。格力公司规定中午 12 点钟下班。有一次离下班铃响只差一小会，有员工拿出零食与大家分享，刚好董明珠进来，员工解释说"公司的表可能有误差""下班时间差不多了"，她不由分说，下令责罚：分享东西的人罚 100 元钱，吃东西的人罚 50 元钱。话音刚落，下班铃声响起，大家都觉得求情的机会来了，可董明珠不依不饶，坚决执行。得知被罚 100 元钱的员工家里非常困难，董明珠事后自掏腰包还钱给她，但在规章制度上绝不容情。

---

① 《她只身挺过 20 年》，林平，《时代人物周报》，2004 年 11 月 2 日。

"我想我是孤独的，"董明珠读过亨利·福特的自传后感慨道，"至少在中国的制冷工业界，我一直以'工业精神'作为格力发展的信条之一，但真正能读懂的人又有几何？"①

"工业精神"是董明珠倡导多年的理念。2006 年 3 月，在全国人民代表大会上，董明珠提出要弘扬"工业精神"，并给出两个方面的建议：一方面要在技术研发和自主创新上多干实事、少说空话，长期作战，要耐得住寂寞；另一方面要关注消费者的根本需求，主动承担社会责任，用企业力量推动社会发展。她还提议有关部门设立"中国工业奖"，专项奖励在技术自主创新方面有所建树或为企业发展创造长期效益的典型，成就中国从制造业大国迈向制造业强国的民族梦想。

然而，随着互联网思维逐渐盛行，互联网行业的跳脱式氛围向传统行业蔓延，"工业精神"显得有些过时落伍。正因如此，才有了后来的那场著名"赌约"。2013 年 12 月 12 日，在央视"2013 年中国经济年度人物"颁奖晚会上，董明珠和雷军"杠"上了。董明珠称小米没有工厂，没有核心技术；雷军说格力不懂互联网思维，模式落后，顽固守旧。两人互不相让，最终演化成赌局：5 年后如果小米的销售额超过格力，董明珠输给雷军 10 亿元；反之亦然。

在 2014 年 12 月的"中国企业领袖年会"上，除了"炮轰"雷军，董明珠不忘再提赌局："你超过我，有什么面子吗？有本事在手机行业超过所有人，你是第一。我一个做空调的，你跟我比什么？"许多人都觉得这

①《董明珠：用"工业精神"制造中国品牌》，侯雪莲，《中国经营报》，2013 年 8 月 17 日。

是董明珠不肯认输的狡辩。就在那几天，小米宣布斥资 12.66 亿元入股美的，持有其 1.29% 的股份。"敌人"联手的消息传到董明珠耳中，她心直口快地指责其为"一个'骗子'和一个'小偷'在一起"。[①]

不过，讥讽之辞无法阻挡时代的潮流，"互联网+"已成大势，董明珠也并非顽固保守之人，她不惧变革，敢于创新。2014 年，格力电器全年营收达到 1400.05 亿元，其中包括晶弘冰箱、大松小家电等非空调业务。尽管起步较晚，但格力已经走上了多元化道路。不仅如此，董明珠还大胆"触网"。2014 年 11 月，格力在天猫开设了旗舰店。一个月后，格力官方商城正式上线，董明珠在经销商大会上亲自推广。用户在平台下单，电商将信息转给线下经销商，由经销商负责提货、送货、安装和售后，再由格力总部或销售分公司与经销商结算。

在 2012—2014 年的三年里，格力每年的销售额都保持 200 亿元的增幅，而且是踩着小数点完成任务：2012 年总营收 1001.10 亿元，同比增长 19.87%；2013 年为 1200.43 亿元，增长 19.91%；2014 达到 1400.05 亿元，同比增长 16.63%。可是，此后几年格力增长乏力，2017 年营业收入 1482.86 亿元，净利润 224 亿元。好容易盼到利润增长，面对股民的期待，董明珠却提出不分红，因为格力正大力发展新能源汽车和芯片产业，这关乎公司的未来。对于新产业的路径选择，外界颇多非议，担忧格力的长远发展。

当然，董明珠永远不会认输。她一直在改变，以成为新时代的掌控者。

---

① 《董明珠：小米和美的是两个骗子》，董明珠，中国企业家网，2014 年 12 月 14 日。

熊晓鸽：中国互联网的幕后推手

腾讯、百度、携程、搜狐、搜房……这些成功的互联网公司背后，都有熊晓鸽领导的 IDG 技术创业投资基金的身影。作为中国风险投资界"教父"级的人物，熊晓鸽在 20 多年的投资生涯中至少促成了 70 多家企业顺利上市，至少帮助 400 多人成为千万富翁甚至亿万富翁。

早年间，熊晓鸽对未来职业有很多奇思妙想：物理学家、歌唱家、新闻记者等，没想到后来却成为一名投资家。当然，这些职业有一个共同点：都需要对这个世界抱有好奇心，再加上一些天赋和嗅觉。

至于熊晓鸽是如何"误入"投资行业的，一切源于 1992 年那个春天。

熊晓鸽曾说："人生最大的赌注是你自己，你要敢赌你的明天比今天好。这是一种信念，也是一种生活方式。"[①]

1984 年，为响应改革开放政策，国务院出台了一条鼓励自费出国留学、

---

① 《熊晓鸽点评创业》，熊晓鸽，北京：中国民主法制出版社，2008 年 6 月版。

放宽出国留学资格审核的规定，全国掀起一股"出国热"。在这支备战出国大军中，就有今日盛名于风险投资界的熊晓鸽。彼时，熊晓鸽刚刚从湖南大学毕业，考入中国社会科学院研究生院，学习英语新闻采编专业。当时他一心为做一名新闻记者而奋斗。

把熊晓鸽推入出国大潮的是他的外教导师。这位来自美国哥伦比亚大学的导师非常欣赏熊晓鸽，反复劝他去美国深造，多学习国外记者同行的先进经验。当时熊晓鸽一门心思都扑在以后如何进入新华社的问题上，并没有打算出国。为了毕业后能够进入新华社，他选择早早去那里打工实习，混个脸熟。导师认为记者应该见多识广，直接帮他写了给波士顿大学的推荐信，很快就得到了回复。正在新华社国际部实习的熊晓鸽还不知道赴美留学需要通过托福考试，所幸他的专业是英语，他赶紧加入白天背单词、晚上做模拟题的大军，突击两周，顺利通过。

1986年秋天，熊晓鸽带着38美元前往美国，在机场候机室时，他对自己说："没有退路了。"因为经济压力巨大，熊晓鸽用了8个月时间完成了两年的课程。他的奖学金只有一年，日常花销还得靠不断打工。经过废寝忘食的学习，熊晓鸽最终顺利获得大众传播学硕士学位。1987年年底，熊晓鸽争取到塔夫茨大学弗莱彻法律与外交学院提供的奖学金，前往该院继续攻读博士学位。

1987年发生了一件轰动全球经济界的事情。在这一年《财富》杂志公布的世界50位"最富魅力的企业家"名单中，来自中国的荣毅仁赫然在列。他是新中国成立以来第一位跻身世界级企业家行列的华人。1988年，荣毅仁到美国访问，被各大院校争相邀请做演讲，其中一站就是弗莱彻学院。

当时，熊晓鸽在熟人的引荐下正在卡纳斯出版集团打工。卡纳斯出版集团作为荣毅仁在弗莱彻学院演讲的招待方和晚宴赞助方，邀请了很多商界名人，其中一位是帕特里克·J.麦戈文。熊晓鸽有幸成为荣毅仁和麦戈文的翻译，并借此机会认识了麦戈文。

麦戈文是美国国际数据集团（IDG）公司的创始人及董事长，也是少数在中国改革开放刚开始的时候就看好中国经济发展的人之一。早在1980年，IDG就创办了中国第一份中外合资杂志《计算机世界》。

1991年7月，熊晓鸽在卡纳斯出版集团的帮助下顺利拿到美国绿卡。此时，面对卡纳斯出版集团的新安排，熊晓鸽第一次有了抗拒心理。卡纳斯出版集团派他到香港工作，而熊晓鸽更倾向于到内地发展，他觉得内地的发展空间更大。

这一年，是熊晓鸽出国五年后第一次回国探亲，他在深圳感受到同硅谷相似的氛围。在这里，他的很多大学时期的好友们都在谈论一件事：创业。"大家半夜了还扎堆在一起热烈讨论，这和当年硅谷的创业者并无二致。"这些蠢蠢欲动的创业者多为资金所困，熊晓鸽顺口给他们支招：找VC（风险投资）啊。令他吃惊的是，没有一个人听说过这个词，甚至有人表示乍一听还以为这是维生素片！

熊晓鸽曾在卡纳斯出版集团下属的《电子导报》工作过三年，作为记者，他经常出入硅谷，因此认识了很多创业者，对那里的创业氛围和创业者的幕后支持者——风险投资家都很了解。他想当然地以为VC已广为天下人所知。由于与东家卡纳斯出版集团谈不拢，熊晓鸽主动出击，做了一个大胆的举动——他给仅仅打过几次交道的麦戈文写了一封长信，表达中国在电子杂志和风险投资领域的广阔前景。没想到，麦戈文很快就来电，表示要见面详聊。原定一小时的约见，结果谈了半天。两个人相谈甚欢，麦戈文当场给熊晓鸽下了聘书，让他主管亚太地区。

在回忆起这次至关重要的会谈时，熊晓鸽感叹："当时好比是一场对赌。我将自己的未来赌在 IDG 上；而麦戈文先生的风险更大，他是将 IDG 在亚洲的发展押在一个刚刚博士毕业的中国小伙子身上。"[①]

随后的事实证明，麦戈文的押注是正确的。1991 年 11 月，熊晓鸽正式入职 IDG，他很快就展现出超强的个人能力。仅一个月，他就找到《国际电子报》，将其合并到中国计算机世界出版服务公司，即成后来的《网络世界》。紧接着，熊晓鸽让连续亏损多年的新加坡、马来西亚等亚太地区市场起死回生并实现盈利。熊晓鸽用铁的业绩证明了他作为 IDG 亚太区总裁的无可争议。

1992 年，邓小平第二次南下，确立深化和加强改革开放的时代强音。熊晓鸽敏锐地捕捉到其中的深意，他觉得在中国推动 VC 事业的机会来了。熊晓鸽不止一次公开表示："我们这一代人特别感谢邓小平。正是他提出的改革开放，给很多企业乃至整个国家腾飞的梦想提供了实现的可能。"

1992 年的中国，没人知道 VC，也没人去主动了解 VC。这一年，在获得麦戈文的授权之后，熊晓鸽在深圳举办了中国第一个风险投资论坛。熊晓鸽事先做了很多准备工作，广告海报铺天盖地，也通过电话邀约做了很多公关，但是最终报名参加的人寥寥无几。就在失望的时刻，熊晓鸽决

---

① 《熊晓鸽：与 IDG 创始人对赌 20 年　马化腾们背后的男人》，熊锋，《中国证券报》，2012 年 12 月 22 日。

定"变个花样试一下"。当时计算机刚开始在国内流行,熊晓鸽就借势将论坛的名字改成"IT 投资论坛",报名的人蜂拥而至。

在这次论坛上,很多企业家第一次听说硅谷创业家背后是风险投资家在撑腰。论坛取得了出人意料的热烈反响。活动结束后不久,熊晓鸽接到一个重要电话,电子工业部邀请他为司局以上领导做专门介绍。熊晓鸽用投影仪播放了精心准备的幻灯片,为与会人员热情讲解美国风险投资市场的发展情况,还对风险投资在中国市场的发展提出了个人建议。时任电子工业部部长胡启立从头听到尾,对风险投资模式给予了高度肯定,这对之后 VC 的推广有很大助力作用。

1993 年,熊晓鸽代表 IDG 投资 2000 万美元,与上海科学技术委员会合作成立 IDG 技术创业投资基金,简称 IDGVC,这是中国第一家合资技术

熊晓鸽

风险投资基金。后来他又在北京、广州成立了类似的风险投资基金。

但是，熊晓鸽面对的是一个完全空白的市场。去谈合作时解释半天，对方都不相信，觉得他和皮包公司差不多。有个老板直接对他说："我看哥们儿长得斯斯文文，既不抽烟也不喝酒，我相信你不是骗子。但是，你给我投了一大笔钱，我也接受了，而等我把企业做大了，你忽然要退出去，我可怎么办？"熊晓鸽表示甘愿投资，情愿做小股东，而且还会适时退出，结果对方认为这种"天上掉馅饼"的好事完全是陷阱。熊晓鸽的名片上有一长串头衔，为了增加可信度，他特意把"中国计算机世界出版服务公司美方董事"放在最前面。

如今20多年过去了，IDG在中国前后投资了200多家公司，包括马化腾、李彦宏、张朝阳、季琦等互联网巨头背后，都有熊晓鸽的身影和IDG的资金支持。谁都知道风险投资家是最精明的商人，但熊晓鸽说："这个世界只有三种人不会嫉妒与他有关的人的成功，他们是中小学教师、父母，还有风险投资家。只有创业者的成功，才是我们的成功。"[1] 熊晓鸽的秘诀在于，选择项目时看中三个基本要素：行业竞争力、企业产品竞争力、团队竞争力。他说："这三者中，我们最看重团队，产品可以变，但是卖东西的人不能变。"

熊晓鸽的这20多年也是中国风险投资的20多年，是风险投资助力创业者成长的20多年。作为最早将西方风险投资引入中国的拓荒者之一，熊晓鸽见证了中国创业浪潮的起伏，尤其是中国互联网的高歌猛进与迷茫

---

[1] 《熊晓鸽为何让马云几欲泪下？》，张业军，中国经营网，2011 年 7 月 22 日。

徘徊。无论高潮还是低谷，他始终在路上，伴随创业者同行，共同创造财富神话，书写商业奇迹。

他是"中国风投教父"，是点石成金的魔法师，是雪中送炭的"好心人"。熊晓鸽始终未放下早年的梦想，他说："等哪天退下来了，我想静下来写点东西。其实我骨子里还是个记者。"

"万通六君子"的青春岁月

2017年2月9日，在亚布力论坛"万通兄弟重聚首"分会场，冯仑、王功权、王启富、易小迪、刘军五人现身，再算上在美国学习的潘石屹，就是名震江湖的"万通六君子"。

这是一段关于野蛮生长的故事。20多年前，6个20多岁的年轻人在海南携手打拼，以海南万通起步，在兵荒马乱的岁月里驰骋商场。几年之后，兄弟们分道扬镳，各自在地产、投资、实业界做得风生水起，其中尤以冯仑和潘石屹的故事最为精彩。

如今，往事如烟，江湖依旧。真可谓"渡尽劫波兄弟在，相逢一笑泯恩仇"。

1984年夏天，潘石屹大学毕业，被分配到位于河北廊坊的石油部管道局，成了局里经济改革研究室的一名小科员。他每个月拿46元钱工资，在当时算中上水平，再加上公务员身份，他的"铁饭碗"很受人艳羡。潘石屹的亲戚、朋友包括他自己都觉得终于熬出头来。要知道，1984年以前，贫穷与苦难一直是潘石屹命运的主旋律。

潘石屹所在的管道局有将近1000人，可真正做事的人并不多，大部分人每天就守在机关里坐着，无所事事地熬到下班。新鲜劲过去了，潘石屹越来越觉得没地方施展拳脚，日子过得特别没意思。有一天，科室里分来一个女大学生，处长吩咐潘石屹帮新同事抬桌子，没想到女同事左挑右选定不下来，潘石屹觉得好笑："不就是一张桌子吗？都差不多，随便挑一张不就得了！"对方回答道："这张桌子我可得用一辈子啊，当然得好好挑了。"说者无心，听者有意，潘石屹陷入沉思：我的一辈子就这样度过吗？

经过近3年的徘徊与彷徨，1987年2月，潘石屹终于放下"铁饭碗"，离职下海。7月，他听说深圳有很多机会，当时他的身上只有80元钱，他花了50元找了位深圳南头关的"蛇头"，从边关铁丝网下面的一个小洞钻过去，成功"偷渡"，踏上了深圳的土地。

潘石屹在深圳的目标很明确——"活下去"。他在建筑工地挑过砖，推销过电话机。工作刚刚稳定下来，潘石屹听闻海南建省的消息，于是去海南承包了一座砖厂，结果挣到手的钱全部赔光了，他又一次回到原点。不过，在这个过程中，他偶然认识了易小迪。潘石屹在砖厂打拼的时候，冯仑组建了海南改革发展研究所，王功权、刘军、王启富、易小迪都是研究所成员。1989年研究所解散，其他人纷纷离开，只有易小迪留在海口，在自家印刷厂旁边挂了一个简陋的牌子，成立了一个佛学研究会。当时正处于失业状态的潘石屹被易小迪拉进来，当上了佛学研究会的秘书长。

20世纪90年代初，冯仑、王功权、刘军、王启富先后回到海口，共同创办海南农业高技术投资联合开发总公司（万通的前身），易小迪带着潘石屹一起加入,潘石屹任财务经理。

1995年3月,6位兄弟首次"分手",王启富、潘石屹和易小迪离开万通,各自创业。这一年,潘石屹在北京创办SOHO中国,开始走上从潘石屹向"潘十亿"蜕变的财富道路。此时,这个在20世纪80年代接受过理想主义和启蒙主义思潮影响的文艺青年,早已在市场经济浪潮的冲击下,淡忘了早年的浪漫情怀,走上物质主义和实用主义的道路。

作为潘石屹的"大哥",冯仑在地产界的地位更高。1988年,海南建省的消息受到世人瞩目,当时在经济体制改革委员会工作的冯仑眼前一亮,他隐约觉得,实现理想的机会来了,就主动要求去海南创办改革发展研究所。这一年冯仑29岁,他全部的资本是一纸10000台彩电的批条和120个人的编制名额。面对海南波诡云谲的形势,冯仑毫不犹豫南下,他期待以海南为起点,一步步实现改造社会的理想。不料,一年后,研究所突然解散,他回到北京,到处托关系希望能重回体制内,始终未果。从政之路已被斩断,他被排除出体制,成了一个没单位、没收入的无业者。无奈之下,他跑到中国社会调查所干了3个月,才拿到72元报酬。

在筹办海南改革发展研究所的过程中,冯仑结识南德公司在海南的代表汪兆京,经他介绍,冯仑进入南德公司,认识了牟其中。牟其中是中国第一代企业家的代表。1987年,他用大批日用品、轻工机械设备等从俄罗斯人手中换取了4架民航客机和一些相关的航空器材,顿时名声大噪。冯仑进入南德公司时,南德公司正处于快速发展阶段,生意做得风生水起,牟其中让冯仑零距离地认识到了"生意是什么"。

但是,经过长期观察,冯仑的自我怀疑日渐深重:这是我想走的道路吗？他觉得做生意是一条离理想越来越远的路，纠结要不要回头。他开始动摇。1991年，冯仑以生病为由离开南德公司，此时海南正处于大开发的预热期，大量机遇不断涌现。冯仑下定决心，一定要闯出一番事业。于是，他和其他5位合伙人组建海南农业高技术投资联合开发总公司，6人以兄弟相称，冯仑被尊为"大哥"。

公司的流动资金只有3万元，冯仑却看上一个涉及8栋别墅的大项目。他找到一家信托投资公司，与对方畅谈海南地产的机遇，最后向对方开口："我出1300万，你出500万。我们一起做，你干不干？"

这位投资公司的老总被他说得有些心动，但还是很谨慎，要求先考察项目。此时以冯仑为首的团队成员连件正经的西装都没有，却凑钱买了几件当年最高级的衬衫和领带送给投资人，一方面跟投资人打好关系，另一方面显示公司的实力不容小觑。

考察结束后，对方终于答应下来。冯仑骑着自行车一趟又一趟跑手续，王功权将投资公司的500万元顺利拿到手。他们靠这500万元和跑下来的手续批条，从银行贷款1300万元。项目顺利启动，8栋别墅一经转手，净赚300万元。冯仑拿到钱时，感觉像在做梦，而且是个幸福又糊涂的梦。这笔钱是万通的"第一桶金"。

当时的海南有点像淘金时代的美国西部，自由而疯狂。冯仑曾经对《纽约客》杂志的记者描述当时的生活："你会被骗到一个夜总会，被推到一间黑屋子里靠墙站着，一把枪抵住肚子，然后强迫签下一个合同。这种事情曾经发生在我们公司的人身上。"这情形像极了20世纪90年代香港电影里黑帮生活的镜头。他告诉《纽约客》的记者："那时非常快乐，你突然到了一个完全自由的地方，无法无天，毫无限制，不用在意那些老掉牙的传统观念。"

然而，海南的房地产泡沫很快破灭，幸亏冯仑及时"上岸"，从"遍地尸骸"中跳了出来。1993 年，冯仑转战北京，创建万通地产，随后参与创办中国民生银行并担任董事。他策划并参与对武汉国际信托投资公司、东北华联等企业的收购及重组。1994 年，冯仑在美国投资网络公司亚信。万通集团快速成长，短短几年间，总资产增长额超过 30 亿元。

冯仑很享受这种"南征北战"的感觉，像是在半夜急行的队伍中被人前呼后拥。但他很快意识到，万通涉及的企业太多，依靠自身根本没法驾驭如此复杂而庞大的业务。经过深思熟虑，冯仑决定"自我革命"，"断腿保全身"，将非地产主业全部剥离。因为理念不同，1995 年，"万通六君子"分道扬镳，其他人先后离开万通，只留下发起人冯仑和王功权；之后王功权投身风险投资，只剩冯仑留守。他曾对记者总结说："成功就像走路，比别人走得长又还活着，还能笑，别人就认为是成功。其实两个字就可以说明白：死扛。"

1999 年，冯仑与朋友联合创办中国首家房地产策划联盟，取名"中城房网"，并打出"新新家园"品牌，开创高档住宅品牌发展的新道路；2002 年他组建投资公司，大胆试验"联盟新城"。冯仑对万通的定位是做房地产业的开拓创新者，因为理念超前，他在业界被称作"地产思想家"。[①]

冯仑经常回忆起干爹马鸿模临终前的情景，马鸿模口中不断重复"荒

---

① 《冯仑：制度摩擦是民企第一死因》，李岩，《南都周刊》，2012 年 1 月 10 日。

唐啊，荒唐啊……"这是他对人生的最后总结。冯仑也总结过自己的人生：在体制内，被说成"反动文人"；闯荡江湖，做了"流氓文人"；为了谋生，被迫做了商人；再后来，又被称作"黑心开发商"。他的人生充满时代印迹，也可以用"荒唐"二字作结。冯仑说："我觉得中国社会再也不能这样了，你必须让一个认真做事的人，有长远的预期，有制度的信赖感，有安全感，不要再有荒唐感，干爹的荒唐感一直延续到我现在。"①

三十年恍然若梦，商海沉浮中，冯仑已成为时代精神的代表者。虽然"理想丰满，现实骨感"，但他少年时改造社会的理想始终未变，只是实现理想的方略已大相径庭。他以理想主义作为精神动力，又以实用主义"野蛮生长"。

冯仑说："伟大是熬出来的。"或许离伟大还很遥远，但他已经在改造社会的道路上走了很久，尽管过程看起来有些荒诞不经。

---

① 《冯仑：一个买卖人的思考》，薛芳，《南方人物周刊》，2012 年第 11 期。

【时代人物】李宁与"李宁"

从奥运冠军到企业家，身价数十亿，李宁的人生有无限精彩，激励一代人成长。不过，从2012年开始，李宁公司业绩快速下滑，连续3年亏损，总亏损额超过30亿元。2014年11月，李宁重新走到台前。2016年，李宁公司终于扭亏为盈，李宁成功拯救"李宁"。

一个观点再次被证明：李宁的名字和面孔是李宁公司的最大价值。这充满了无奈。创业这么多年，"李宁"依然离不开李宁。依赖与仰望的迷途，还需李宁本人来终结，用他那颗"冠军的心"。

美国《时代周刊》在2006年将李宁评选为过去60年56位亚洲英雄人物之一，称他是"一位在体操和商业生涯中均具有灵活头脑的传奇人物"。李宁在运动员生涯中握有14项世界冠军，100多枚金牌。

作为20世纪最伟大的运动员之一，李宁是在1984年的奥运会赛场上一战成名的。21岁的李宁独得3金2银1铜共6枚奖牌，成为这届奥运会上获得奖牌数最多的运动员。然而，4年后的1988年奥运会上，带伤上阵的李宁在吊环比赛最后落地时，右脚意外碰到吊环，头朝下跌落。接下来的跳马比赛中，李宁失去平衡，跌坐在地上。这一次，他败得很惨。即便如此，每个动作完成后，他依然保持了标志性的笑容。

从汉城（今称首尔）回到北京，下飞机之后，其他运动员直抵大厅，接受欢呼和鲜花，李宁却在十几米外的一条偏僻寂静的通道独自出关，一位高个子男人正手捧鲜花微笑着等他，那就是李经纬——一个影响了李宁之后人生的人。

1988年年底宣布退役之后，李宁放弃广西体育运动委员会副主任和国家体操队教练两个职业选择，投奔李经纬的健力宝公司。1989年5月，李宁正式加盟健力宝，出任总经理特别助理。几个月后，在李经纬的鼓励下，李宁创办以自己名字命名的体育用品公司。

1990年，健力宝一栋五层楼的大型仓库被改建成健力宝服装厂，李宁任总经理，服装为"李宁"牌。同样是这一年，健力宝赞助300万元主办亚运会火炬接力活动。人们看到历史性的一幕：在青藏高原，李宁身穿雪白的"李宁"牌运动服，接过亚运圣火火种。一夜之间，"李宁"火了。亚运会闭幕当月，"李宁"收到价值1500万元的订单。

1994年，李宁公司脱离健力宝集团，改名为李宁体育产业公司，李宁出任总经理。在此之前，他分4次赎回健力宝所占的"李宁"股份，李经纬扶上马再送一程，没有要股份投资的回报。改制前后，李宁公司每年销售收入增长超过100%，到1996年，销售额达到6.7亿元。

2004年，李宁集团在香港上市，市值300亿港元，李宁身价飙升至16亿元。他对媒体说："我不是一个明星偶像，我只是一个拥有十几年企

业经营史的企业家，一个商人。"李宁认为这是绝佳的功成身退的时刻，
而张志勇等职业经理人也足够让他放心。他的生活重心逐渐转到香港。在
他放手之后，"李宁"依然高速发展，到2009年，销售收入达83.87亿元，
超越阿迪达斯成为中国市场第二名，直追耐克。

借助成功的奥运营销，"李宁"加快扩张步伐，门店数量从2008年
的6000多家增长到2011年的8000多家。与此同时，营业额在2010年攀
升到94.78亿元，离百亿大关仅一步之遥。

可惜"李宁"不但未实现跨越，还节节败退。2011年，李宁公司销售
收入89.29亿元，同比减少5.8%；净利润3.86亿元，同比下降65%。李宁
分析说："因为全行业前几年透支成长，所以现在都遇到了巨大的困难。"
确实如此，那两年中国体育运动品牌都遭遇严冬，库存高企、销售下滑、
关店裁员的风潮席卷了整个行业。

但客观来说，"李宁"自身的原因不容忽视。从2006年开始，"李宁"
尝试运动品牌时尚化，2008年启动换标。尽管李宁对新商标并不满意，但
他尊重职业经理人的决定。2010年6月30日，"李宁"发布新标识和口
号，广告语由"一切皆有可能"改为"让改变发生"。然而，"拉近90后"
的战略不但没有拥抱年轻一代，反而流失了原有的品牌积累。根据调查，
50%的"李宁"消费者年龄为35至40岁，品牌重塑计划南辕北辙，困难
重重。

李宁决定借助外力来止住颓势。2012年1月19日，TPG（德太投资集团）
联合GIC（新加坡政府投资公司）购入"李宁"总计7.5亿元的五年期可
转债，年率4%，若全部转为股权，约为"李宁"13%的股份。7月5日，

CEO 张志勇卸任，来自 TPG 的金珍君出任李宁公司董事局副主席、执行董事，成为改造"李宁"的操盘手。金珍君推行"三个聚焦"战略：聚焦核心品牌——"李宁"牌，聚焦核心业务——回归体育本质，聚焦核心市场——中国大陆市场。

然而新战略并未奏效，"李宁"在亏损的泥潭中越陷越深。2012年，"李宁"亏损 19.79 亿元，关掉 1800 多家门店，股价也从 20 多元跌到最低的 4 元多。此后两年依然经营惨淡。2013 年亏损 3.92 亿元，2014 年亏损 7.81 亿元，2012—2014 年三年累计亏损超过 30 亿元。更严峻的是资金链告急。到 2014 年 6 月底，"李宁"现金净额为负 2.67 亿元。2014 年 11 月中旬，金珍君退任代理行政总裁。

2015 年，52 岁的李宁已半头花白，不过依然硬朗健壮，还能身体腾空翻个跟头再平稳落地，英姿不减当年。他还要在商业赛场完成空翻，并完美落地。这年 3 月，李宁重新出山，亲自操刀"李宁"新一轮变革。员工每天都能看到李宁，公司运营中心位于北京通州光机电一体化产业基地，办公区域的空地上有"李宁交叉"①的塑像。真正的李宁回来了。

拥抱互联网就是拥抱年轻人。2015 年春天，李宁开通新浪微博，雷军成为他第一个关注的人，此后，他依靠卖萌、调侃、"鸡汤"，短短两个月就吸引了 51 万粉丝。在不久之后的全国"两会"上，李宁戴着小米手环的照片被雷军转发，引发公众对双方合作的猜想。3 月 16 日，"李宁"宣布从传统体育鞋服品牌转向智能运动领域，股价连涨 5 天。

---

① 著名体操动作，由李宁独创。

4个月之后的7月15日，"李宁"联合小米生态链子公司华米科技推出两款智能跑鞋，"李宁"制作跑鞋，华米科技负责智能研发。8月8日，"李宁"迎来25周年庆，宣传口号由"让改变发生"重新回归"一切皆有可能"，公司向"互联网＋运动生活体验"的服务提供商转型。除了进军智能运动领域之外，"李宁"还加快线上电商布局，2015年"双十一"，天猫李宁官方旗舰店销售额达到1.25亿元，天猫平台李宁品牌整体交易额超2亿元。从2014年到2015年，"李宁"电商渠道销售额占比由5%提高至25%~30%。

李宁开始用互联网思维管理公司："过去一段时间，公司一直在开展扁平化管理的尝试，现在公司已经没有市场部了。公司的管理架构设置以产品为导向。目前，向我本人直接汇报的人数为50人。"[①] 他开始亲自深入到产品推广方案的定价、口号等细节中，这正是"李宁"实现快速增长的法宝之一。

历时一年的变革成效立竿见影。2016年3月17日，"李宁"发布财报：2015年收入70.89亿元，同比增长17%，净利润1430.9万元，连续亏损3年后首次扭亏为盈；同时，销售点净增加507个，达到6133个，经销商销售点净增加194个，自2011年以来重新恢复扩张。欢欣鼓舞中，李宁冷静表示，财务持平只是阶段性目标，最重要的是拥有持续增长的能力。看起来，短期内他不会离开一线。

李宁再次以业绩证明自己的商业才华，不过他一直自认为不是"标准

---

① 《李宁还在努力抓住年轻人》，李博，《第一财经周刊》，2015年第11期。

商人":"我对交易和成本都不敏感,只是目标很明确。"①无论在运动场还是商场,李宁的目标都只有一个——冠军。他说:"比赛夺得冠军是暂时的,当这个比赛一结束,新的比赛中你不一定是冠军。更多是追求冠军的激情、能量和勇气。如果没有激情,没有这个能量,很难真的追求冠军。"②

1995年,当李宁在商场春风得意时,火箭队以4:0的华丽战绩夺得NBA总冠军,火箭队主教练鲁迪·汤姆贾诺维奇的一句话成为经典:"永远不要低估一颗冠军的心!"20年之后,这句话亦可用来形容李宁的奋斗与拼搏。

---

① 《"没有"李宁的李宁公司》,李佳蔚,《人民文摘》,2010年第9期。
② 《李宁:一直都是体育人 最初不愿用名字命名品牌》,陈小闵,网易体育,2016年7月14日。

第 六 章

互联网时代

1998 年被视作"中国互联网元年"：2 月，张朝阳创办搜狐；6 月，刘强东成立京东；10 月，王志东着手创立新浪，周鸿祎成立"3721"；11 月，马化腾成立腾讯。一年之后，马云在西湖湖畔创办阿里巴巴，李彦宏回国创办百度，丁磊把公司搬到北京，互联网浪潮席卷中国。

此后 20 年，这些具有影响力的公司通过互联网深刻改变了人们的生活方式。互联网不仅对现存事物产生了冲击，而且将很多事物重新定义；不仅推动了国家经济发展，整个社会也发生了全方位的变化。

更重要的是，互联网带来的思想观念革新堪称 20 世纪"最重大的历史转折"，年轻一代张扬个性，关注自我，人性被极大释放，创新层出不穷。

丁磊：热爱和专注

丁磊算是少年得志。2003年，32岁的丁磊同时成为福布斯中国和胡润两大富豪榜上的"首富"。此后十年间，他一直在观望，各种"烧钱"大战和并购大戏都与他无关，他深知自我节制和专注坚守比摧城拔寨更难。随着门户没落，BAT崛起，京东、小米后来居上，很长一段时间内，丁磊被视为移动互联网时代最大的"失意者"。除了游戏和"有态度的新闻"，以及因养猪引发的议论嘲笑，丁磊和网易一直在公众视线之外。

创业20年来，丁磊始终把握节奏，进退有度，经历上市、停牌、复牌、股价飙升等起伏之后，他最终逆袭成功：2017年7月，网易和丁磊分别获评"亚洲最受尊崇企业"和"亚洲最佳CEO"。丁磊的乐观心态和战略定力，对于那些曾红极一时又跌入低谷并渴望东山再起的企业家来说，最大的启示莫过于"以事后之悔悟，破临事之痴迷，则性定而动无不正"。

丁磊将创办网易的出发点概括为八个字："七分理想，三分生意。"1997年5月，丁磊从宁波电信局辞职，把自己准备买房安家的钱全部拿来创业，用 50 万元作为启动资金，成立了公司。资金不够，他就夜以继日写软件。

参照美国雅虎，他开发了 Yean 中文搜索引擎。奈何中文站点太少，这一搜索引擎以失败告终。1998 年，在没有任何风险投资介入的情况下，丁磊决定把公司收入投入到网易的门户网站建设中。自 1998 年年初之后的 18 个月里，网易一共融资 1.15 亿元。1999 年，丁磊将公司大本营转移到北京。自此，新浪、搜狐、网易三大门户成鼎立之势。

2000 年 6 月，网易登陆纳斯达克资本市场。然而，上市的荣光仅仅维持了一个月，从 7 月开始，全球互联网泡沫破灭，纳斯达克指数暴跌，网易市值蒸发大半，如失去方向的大船走向迷茫的深海。丁磊黯然神伤，经常喝得酩酊大醉。公司内部弥漫着不安的氛围，内外交困中，丁磊打算把网易卖掉，重新回到创业的原点。当时香港有线宽频公司开出 8500 万美元的收购价，没想到协议达成前夕，网易在财务审查阶段爆出"假账事件"，不仅收购告吹，纳斯达克也介入调查。2001 年 9 月 4 日，网易正式停牌，美国的投资人随后起诉网易，《华尔街日报》评论"总部设在北京的互联网门户网站网易似乎走到了尽头"。

为了让公司实现盈利，丁磊想过卖电脑，做纽扣生意。后来他遇到了步步高集团的创始人段永平，表达希望卖掉网易另创一家公司的想法，段永平反问："你现在就有一家公司，为什么不把它做好呢？"段永平后来花了 200 万美元买入 152 万股网易股票，占网易股本的 5.05%，这一行为当时被称为"雪中送炭"。几年之后，网易股价涨至 100 美元左右，段永丰获得近 100 倍的回报。

段永平的丰厚回报得益于网易的峰回路转。丁磊听了他的劝告回去埋头苦干，果真天无绝人之路。2001年，广东移动针对联通的码分多址（CDMA）业务推出增值业务——"移动梦网"，网易成为第一批合作伙伴。移动梦网短信业务是与内容运营商合作，将利润二八分成。网易的短信业务收入占当年整体收入的40%以上，由此起死回生。2002年1月2日，网易在纳斯达克复牌。

丁磊第一次决定做游戏，是在美国参观了美国艺电（简称EA）后，此时网易仍然处于低潮期。网易的《大话西游》推出以后，深受玩家喜爱，注册用户超过千万。《梦幻西游》的最高同时在线人数则超过271万，注册人数已超3亿，被玩家誉为"最好玩的网络游戏""中国第一网游"。

2003年，丁磊成为中国大陆双料首富。得知这一消息，他感到"茫然"，当晚照旧去大排档喝粥。在网易经历九死一生之后，丁磊说："我对财富多少已经比较淡薄，对富豪榜排第几更是麻木。"[1]

此后十年间，丁磊一直默默无闻。他坦言："在没弄清楚商业模式的核心问题时，没有必要赶风口。"[2]他有个外号叫"扫地僧"，一是因为网易总是处于不被行业风向影响的状态，二是因为丁磊似乎总是错过风口，但网易依然保持高市值。当人们质疑网易掉队时，丁磊和网易悄然打造出网易考拉、网易严选、网易云音乐等现象级的匠系产品，以后来居上的姿态"顺势而为"。

---

[1] 《双料首富丁磊回母校称：我对财富已比较淡薄》，官建益，《国际金融报》，2003年11月14日。

[2] 《丁磊：我只想安静地做个匠系青年》，吴晓波频道，2018年7月19日。

从阿里、腾讯、京东到小米，很多企业在过去五年间通过投资的方式形成产业剧增的态势。网易不做投资，丁磊认为，无论是共享单车还是智能手机，这些风口，网易一早就看出不能赶。"其实过去十年风很多，很多风都是'妖风'。投资者纷纷跑进去不是傻，他们都有各自的诉求，但就看下一步接盘侠是谁。"①比如共享单车，在高密度、高容量的投放下，用户的选择变多，且易受"气候"影响。

在丁磊眼里，"很多生意并没有看上去那么美好"。他认为网易自身的商业模式就比较好，不觉得投资是好的机会。"我还是更愿意在一个专注的领域里面把事情做好。比起跨行投资，我们更相信自身的商业模式。网易也有投资，但更多的是投到相对熟悉的领域。"②

网易的文化是稳扎稳打、专注、锲而不舍。这种文化传递下去，即成为企业的核心竞争力。丁磊在意的是，网易能不能真正地成为一个更长远的、有核心竞争力的企业，把这一文化长期贯彻下去，并且活得很好。

他说真正的"佛系"应该是一种匠系："静下心来，仔细做好一件事，为自己能帮到他人而快乐。"③他对"佛系"的理解是人真正能够到社会中去，把一件事情做得非常好，以产品的质量和品质的创新影响无数的消费者，这才是"佛系"的最高境界。

他正在成为这样的"匠系青年"，在移动互联网时代，不谈互联网思维，不谈唯快不破论，不追电商、社交、O2O、直播等风口，安安静静打磨他相信的产品，大隐隐于市，也一样会身价千亿。

---

① ② ③　《丁磊：我只想安静地做个匠系青年》，吴晓波频道，2018 年 7 月 19 日。

　　奇虎360董事长周鸿祎曾说丁磊是互联网圈唯一不焦虑的人，有自己的玩法。多年来，网易也一直被视为中国互联网行业一个特立独行的存在。2009年，丁磊在广东省"两会"上正式宣布网易进军养猪市场，一时间舆论哗然。经过整整三年的选厂址、建猪舍……他要养的猪，大众连影子都没见到，有人怀疑丁磊以养猪为借口搞房地产。2013年，一起拖欠70万元养猪场勘察费的官司又将丁磊推上舆论的风口浪尖。有人批评丁磊鬼迷心窍，好好的互联网不干，非要去养猪。要知道，在丁磊潜心于养猪的这几年，互联网同行捧红了微博，经历了"3Q大战"，见证了短视频和团购的异军突起。

　　面对媒体与外界的质疑，丁磊选择了沉默，直至2016年年底，网易正式推出"味央黑猪"，第一头网易黑猪正式上线拍卖，以11万元的天价拍出。这时人们恍然大悟，原来丁磊真的在钻研养猪事业，准备把"网易味央"猪做大。在随后的营销活动中，无论是"网易味央"发起的全民养猪众筹，还是丁磊开直播亲口品尝猪饲料做的糕点，都受到了极高的关注。

　　早在2015年乌镇互联网大会上，丁磊就将黑毛猪端上餐桌，与互联网大佬们共享美食。互联网大佬们吃完赞不绝口，杨元庆说他"可以证明，丁磊的猪肉确实好吃"，马化腾评价"肥而不腻"，张朝阳称赞"秀色可餐"，雷军点评"入口即化"。于是，丁磊的黑毛猪成为乌镇互联网大会上的保留菜品。2017年4月，"网易味央"宣布完成1.6亿人民币A轮融资。很多人都说，丁磊让中国养猪业进入了"网易时代"。

　　2017年5月11日，网易公布2017年一季度财报，净收入136.41亿元，同比增长 72.3%，净利润 39.23 亿元，同比增长 59.4%，季度净收入和净利润创历史新高。

过去几年中，BAT 三雄争霸的格局正逐渐改变，包括网易在内的几家公司一直被业界视为第四极，有机会跻身三甲。不过丁磊对此不以为意："这种排名都是短暂的，最重要的是一个企业让消费者感知的程度。市值再大，用户感知不好，又有什么价值和意义呢？"在他看来，做企业如同长跑，要用心来做。

在网易两栋办公楼之间，有一道浅浅的水景，周边的树丛里布置着太极图。丁磊解释说，这是视觉上的禅意，寓意道法自然。

刘强东：强者做东

刘强东一直信奉"用今天的亏损换来明天别人无法超越的优势"。他以强硬的姿态废除已有规则，如推土机般推倒商业旧秩序，又如工程师般重建零售新规则。《财经》杂志曾这样评论："相比其他商界风云人物，刘强东看起来更真实，也更容易接近。他出身平凡、行事果敢，有时显得鲁莽，却拥有独到的战略眼光，而且越来越表现出超越草莽英雄的潜质。"

面对强手，一路挑战，昔日草莽英雄已成今日商业领袖。

在互联网大佬之中，像刘强东这样来自社会底层的农家子弟并不多。1974 年，刘强东出生于江苏宿迁市一个贫穷的农民家庭。小时候他常常看书入迷，母亲喊："强东，强子，吃饭，吃饭了……"他听不见，母亲一巴掌打过来，他才从书本中回到现实。他自幼在外婆身边长大，与外婆的感情很深，时常遗憾外婆辛勤付出一生没有享到应享的福报；甚至他最初创业的动力之一，也是挣钱给外婆治病。

刘强东第一次创业是他在中国人民大学求学期间。他自学计算机编程，天天熬夜写程序，参与了三个大项目，一下子赚了 20 万元。大四时，他用这笔钱接手了一家餐厅，但由于不懂管理，赔了本。1998 年 6 月，刘强东从一家日企辞职，揣着 12000 元钱，骑着二八自行车到中关村，创立了京东商城。公司成立前三个月，公司里就他一个人，他天天站在楼下发宣传单。

由于坚决不卖假货，京东商城在极短时间内迅速积累了人气。到 2003 年，京东商城线下连锁店已经发展到 12 家，但后来由于"非典"而被迫歇业，亏损达 800 万元。刘强东扛着压力在各大网站和论坛"灌水"，每天不分白天黑夜与客户在网上沟通。

从 1998 年开始创业，到 2007 年完成第一轮融资，这 10 年里，刘强东有 6 年住在农民搭的四处漏风的工棚里，剩下的 4 年，他住在办公室，其

刘强东

间所有的客户服务都是他一个人做。为了保证全天 24 小时为会员提供最优质的服务，他买了一个老式闹铃，每两个小时响一次，他醒来后就答复客户的问题，答复完之后再去睡，再定一次闹钟。就这样，他坚持了 4 年。

2004 年，"非典"疫情过去，中国电子商务尚在萌芽期。经过认真思索，刘强东毅然关掉盈利的线下门店，彻底转型电商。"从创业第一天起，我就从来没有准备重新穿上皮鞋。"

2008 年，刘强东开始坚持自建仓储物流，刚花完第一轮融资的 1000万美元，金融危机就来了。京东措手不及，一夜之间，估值从 2 亿美元降到 3000 万美元。刘强东四处找融资，最多的时候一星期见了 42 个，几乎把中国创投圈里的人都见了个遍。这一年，他 34 岁。最后，今日资本的总裁徐新帮忙找到投资银行家梁伯韬，双方联合完成了 2100 万美元注资，为京东解了围。

刘强东就像一个时刻敢于火中取栗的突击手，一直行走在钢丝上，屡次有惊无险。他建立了一个规模超 600 亿元的企业，坚持 9 年不盈利，却依然让企业保持高速增长。

刘强东被称为"破坏性入侵者"[①]。京东商城从 3C 类电商转型为综合类电商，再增做开放平台，每一次扩张，刘强东都选择向比他强大很多的竞争对手直接发起挑战——与传统零售巨头国美、苏宁正面交锋；涉足包括图书、服装在内的多种业务，阻击当当和易迅；建开放平台，直接挑战阿里巴巴。

———————
① 《刘强东：草莽英雄蜕变》，宋玮，《中国品牌》，2013 年第 10 期。

从 2004 年开始，京东经历了多方质疑，其中最受外界争议的就是京东"烧钱"的商业模式：依靠大规模融资，花巨资自建物流，大力扩张品类，大打价格战。刘强东每次战斗都异常高调。在他的带领下，京东商场的发展突飞猛进。

2010—2011 年，在全体投资人、过半高管的反对下，刘强东坚持强推图书品类，主动挑起价格战，向当当、卓越亚马逊宣战。此役，京东借助单价更低的图书拉低了新用户的门槛，同时重创了以图书为主业的当当，致使当当股价大跌。

2012—2015 年，刘强东不惜扩大亏损，力排众议，主导了对国美、苏宁的价格战。此役，京东从三洋、奥克斯等二三线品牌突围，严重冲击了一线品牌市场；到 2014 年，美的、海尔、西门子、三星等一线品牌纷纷倒向京东，京东电商家电份额跃升到 50% 以上。

在此期间，2014 年 5 月 22 日，刘强东按下了纽约纳斯达克证券交易所敲钟的按钮，京东上市，当天市值达 286 亿美元。在当晚的酒会上，刘强东发表演讲，他说：我花了 20 年，从宿迁到了北京；我又花了 20 年，从北京到了纽约。正是靠着一股拼搏的精神，这位从江苏宿迁走出来的农村孩子，站在他用汗水和泪水缔造的人生舞台上，打造出自己的商业帝国，拼出他人生的辉煌。

不过，由于不断扩张，京东始终处于亏损状态。刘强东后来在公开的讲话中说："我会质疑，甚至也害怕、恐惧。"但他觉得自己后来也想明白了"亏钱"这件事，"京东的低价来自于成本控制，京东的现金流来自于高效的运转，京东拥有很好的前端用户体验，这些都是京东的核心竞争力"。

京东最大的竞争对手就是马云的阿里巴巴。两者都是电子商务平台的领军级企业，几乎形成了寡头垄断。两大电商公司在电商领域时有摩擦，硝烟不断，在价格战的同时，也进行激烈的市场和公关战。京东虽略显劣势，但 2014 年腾讯入股京东，在腾讯的强大支持下，未来胜负难料。

在一些同行看来，刘强东无论是对内还是对外都很强势，习惯扮演"挑战者""搅局者"的角色，行为高调、张扬，狂妄冲动，打击对手时不择手段，与中国的商业文化传统有所冲突。但刘强东不认可外界对自己的这种评价，自称"我其实是个温柔的人"。

刘强东对京东的强势管控人所共知。冯仑曾这样说：在京东，没有人敢挑战刘强东的权威，整个公司就像一列由他一个人牢牢控制的高速列车。刘强东最著名的管理手段是早会制度。多年来，只要不出差，他会早上 8 点半准时到公司，与公司高管开会。一位京东的高管形容早会的气氛"令人战栗"。

一位高管因为送孩子上学，怕上班迟到，让秘书代打了两次卡，刘强东知道后将此人开除。京东召集承销商开会，其中一位带家眷去欧洲休假，刘强东强硬地通过邮件告诉他：你要是不来开这个会，就永远不要来。一位京东的中层员工对他的同事说：我从来没有像今天这么努力过；而他的同事回应：我从来没有像今天这么害怕过。

刘强东的孤独，没人看到。2014 年京东上市之后，在一次回答媒体关于京东模式的提问时，刘强东说了一句话："想做百年老店，得忍百年孤独。"这位一向以斗士姿态示人的商业领袖，却提到了"孤独"二字。

在投资者眼里，刘强东也很强势。"如果投资人既不同意你控制股东会，也不同意你控制董事会，怎么办？那就用最后一招——非常礼貌地告诉他：请你出去！"不过，不少业内人士评价刘强东虽然性格强势，但豪放之下实则心细，很善于处理复杂的关系：不一定总和投资人见面，却可以在关键时刻说服对方。

对员工，刘强东并没有外界想象的那样严苛。早年刘强东爱请基层员工吃饭；员工下班晚，他就慷慨解囊。和基层员工吃饭的时候，刘强东不让其他高管在场。饭桌上，他大多数时间听取员工的抱怨，至于哪些问题需要处理，他当时未必给出答复，但事后，这些问题都会得到解决。吃饭免不了喝酒，刘强东一般都是喝得最多的那一个。但不管喝了多少，第二天一大早，在京东的例行晨会上，他一准会出现。

每年的 5 月 19 日，是刘强东设立的"老员工日"，他与来自全国的京东老员工代表们把酒言欢。他认识现场 90% 的人，还能叫出 60% 的人的名字。刘强东每年还要做一天配送员，提醒自己不要忘记一线员工的辛苦。

如今，京东已经发展成为一个拥有 16 万员工、市值超 700 亿美元的企业。但刘强东并不满足，他要打造新的商业帝国，跻身"千亿美金俱乐部"。刘强东认为在未来几年之内，京东会成为中国 B2C 平台的第一；而未来十年内，中国最大的电商公司也会是全世界最大的电商公司。他坚信自己能够带领京东走向更加广阔的天空。

马化腾的"企鹅帝国"

> 马化腾从小喜欢天文，读大学时差点报考天文学专业，在公司内部，他喜欢和有天文爱好的员工讨论天文界新闻。马化腾用专业级望远镜仰望星空时或许也曾体会到，星空遥远难辨别，现实人心更莫测难懂，互联网行业则永远处在变化之中。
>
> "这里没有侥幸，没有永远的第一，甚至什么都没做错，只是用户没兴趣了，都会很快被淘汰，这是互联网行业的残酷。"① 马化腾说。创业20年来，他始终充满危机感，不断以变应变，始终站在浪潮之巅。

马化腾自称一共经历过三道坎。这三道坎，每次都让腾讯差点死去。

第一道坎在创业初期。1998年，马化腾与同学张志东合资注册深圳腾讯计算机系统有限公司。作为一家没有风险资金介入就成立的软件公司，初期每一笔支出都让马化腾胆战心惊。做互联网寻呼系统时，产品卖不动，一赔就是30多万元。后来，一款在欧美年轻人中风靡的ICQ产品进入马

---

① 《马化腾：公司成人 责任更大》，朱伟良，傅鹏，《南方日报》，2017年11月23日。

化腾的视野。1999 年 2 月，他仿照 ICQ 做了一款中文版，起名 OICQ，从此异军突起。

但服务器很快就不够用了，每月光服务器的托管费就要 1 万多元。到了 1999 年 11 月，公司账上只剩下 1 万多元。别说发工资，就连房租、水电费都缴不起。马化腾想卖些腾讯的股份，以保证公司活下去，但国内的投资者没有人愿意买。马化腾与深圳电信局谈，对方只肯出 60 万元，买卖只能告吹。

为了养活公司，马化腾和张志东甚至亲自做一些网站的小项目。后来，马化腾终于找到 IDG 和香港电讯盈科，他们各出 110 万美元，买了腾讯 40% 的股份。然而 2000 年下半年全球互联网行业形势急转直下，两家投资公司萌生退意，幸好来自南非的米拉德国际控股集团（MIH）找上门，出价 3200 万美元购买了腾讯 32.8% 的股份，马化腾终于松了一口气。

第二道坎是与 MSN 的战争。2003 年，已经拥有 3 亿用户的 MSN 踌躇满志，大规模杀入中国市场。此时腾讯的形势岌岌可危：QQ 秀刚刚推出，还没实现盈利；人才匮乏，腾讯为了生存不断卖股融资。外界都认为 QQ "死"定了，只是说不准什么时候"死"而已。

在这种情况下，马化腾毫不退缩，推出腾讯 TM（Tencent Messenger），正面迎击 MSN。通过一系列技术创新，腾讯以更高效、更快捷的服务和完美细致的用户体验一点点挽回高端用户。腾讯 TM 用起来速度很好、传送文件很快，而且可以进行头像个性化设置。用户将工作方面的沟通工具悄悄换成腾讯 TM，而 MSN 渐渐变得悄无声息，少人问津。

第三道坎是微博的出现。2009 年 8 月，新浪微博诞生，开始从社交媒体转向社交网络；到 2010 年 10 月底，微博平均每天发布数量超过 2500 万条，微博总数累计超过 20 亿条。马化腾要求做出一个能够对抗微博的产品，且能够解决从个人计算机端到移动端的问题。腾讯有 3 个团队报名，其中一个团队做出了"微信"，迅速取得了火爆的市场反应。

当腾讯看起来无所不能时，马化腾也面临"大企业病"带来的困扰：创新能力减弱，创新敏感度降低。每天下班时分，深圳高新技术园内有壮观的腾讯大巴车队，2009 年启用的 39 层办公楼已无法满足公司快速增长的需要。马化腾希望解决跨部门合作的问题。当提供给用户的产品越来越多，很容易基于相似的产品特征而产生纠纷时，如何划分管理体系成为马化腾面对的难题。

2010 年，腾讯度过了第一个本命年。在日新月异的互联网变局中，马

马化腾

化腾的战略远见、领导力、学习力受到了前所未有的挑战，许多曾经不可一世的互联网巨头在过去十年中轰然倒塌。新的危机接二连三地爆发，先是《计算机世界》以"'狗日的'腾讯"为标题对腾讯展开大张旗鼓的讨伐；随后的"3Q 大战"震惊业界，腾讯和 360 彼此指责对方"泄露用户隐私"，由隔空指责、抢占屏幕到对簿公堂。

"3Q 大战"之后，马化腾迅速做出反应，不仅入股金山，而且开始重视打造腾讯电脑管家和腾讯手机管家。此外，他进行了深刻反思："我们也在反思开放性不足的问题。过去我们做得的确比较少，这一两年已经开始做大的转变。过去我们所谓的开放是我们自己的部门一家一家谈的，包括很多游戏开发商、内容提供商、生活服务平台上的供应商。我们觉得做得还不够，比如说像社区空间、SNS 开放 API，的确动作比较慢，还没有做到网上长尾，甚至个人用户都可以接入的产业链。我们也希望能够跟更多草根网站分享我们整个用户平台，这是一步一步走的。"①

问题的症结在于，当时腾讯所有的服务都是基于 QQ 客户端进行的，但这是一个封闭的空间，而社交平台的开放性对这种封闭模式提出了挑战。2011 年 1 月 12 日，腾讯宣布，正式推出"连接 QQ 空间"服务，"允许第三方在网站实现一站式登录"，这是腾讯走向开放的标志性事件。同一年，微信诞生，上线仅一年时间就收获超过 1 亿用户。从社交、阅读，到购物、打车，微信俨然成为一种不可或缺的生活方式。这款日后被马化腾称作获得移动互联网船票的通信应用挽救了腾讯，"如果没有微信，腾讯可能就

---

① 《马化腾的时与势》，默少克，《南方人物周刊》，2011 年第 5 期。

完了"。

为了能够更接近用户需求,使产品不断更新,马化腾迫使自己像"小白"用户一样思考:每天高频次使用产品,提出问题,然后直接给普通员工回复邮件——对于一个管理着数万员工的企业领导来说,如此亲力亲为实属不易。张志东评价:"腾讯的产品迭代就是一个被马化腾的邮件推着走的过程。"

马化腾说:"在腾讯,有一个'10/100/1000 法则'——产品经理每个月必须做 10 个用户调查,关注 100 个用户博客,收集反馈 1000 个用户体验。这个方法看似很朴素,但行之极难。"①

2012 年 5 月,腾讯进行过一次重大组织架构变革,将拥有 7 年历史的业务部门制转向事业群制,把业务重新划成互动娱乐事业群、社交网络事业群、网络媒体事业群、移动互联网事业群等 6 大事业群,并成立了腾讯电商控股公司,后来又成立了微信事业群。马化腾意在按照互联网发展的几大方向和主流用户需求重新梳理业务和组织结构。

此后两年,腾讯的战略布局日趋激进,在社交网络、移动互联网、电子商务等领域不断推出新产品。马化腾坚信:谁能把握行业趋势,最好地满足用户的内在需求,谁就可以得到用户的青睐——这是互联网行业的生存法则。

在互联网世界里,一切都是崭新的,一切都是不确定的,一切都正在被创造。在互联网商业大潮里,马化腾虽置身其中,但他力图做一个冷静

① 《腾讯传(1998—2016)》,吴晓波,杭州:浙江大学出版社,2017 年 1 月版。

的旁观者，他的内心始终保持着高度的危机感。"人要清醒，外面掌声越热烈，就越危险。"①这种旁观心态，使他看得更远，看得更真。

腾讯市值超过1000亿美元时，马化腾就曾公开说："心里相当不安。"如今，他更是如履薄冰。这不只是"高处不胜寒"，更因为"逆水行舟，不进则退"，一退可能就再难翻身。

2018年4月22日，马化腾在福州举办的首届数字中国建设峰会上，谈到"一三五七"发展目标：一个目标，是指腾讯要成为各行各业的"数字化助手"；三个角色，指腾讯要专注做连接器、工具箱和生态共建者；五个领域包括民生政务、生活消费、生产服务、生命健康和生态环保；七种工具包括公众号、小程序、移动支付、社交广告、企业微信、'大智云'（大数据、人工智能和云计算）及安全能力等七种数字工具。他希望发扬精细的"数字工匠精神"，为各行各业提供最有效的"数字接口"和最完备的"数字工具箱"，成为各界最好的"数字化助手"。

创业20年，马化腾已见惯了成功与失败，也早已习惯在快速变化的互联网行业寻求突破和改变。技术革命的浪潮滚滚向前，他要不断自我颠覆与重建，带领腾讯做好一切准备，随时迎接变化，甚至创造变化。

---

① 《马化腾：外界掌声越热烈，越需要清醒地看到自己肩负的责任》，李闻莺，澎湃新闻，2017年12月3日。

马云：成功的偶然与必然

其实一直以来有两个马云，一个在台上，一个在台下；一个是神，一个是人。连他自己都说："我一直觉得'马云'不是我，我不是'马云'，我需要披上'马云'这件袈裟的时候，我就是'马云'。平时这件袈裟就放在那里，我也不能破坏它。"①

通过和各界人士交往，马云俨然打通道家、儒家、佛家及东西方哲学思想：从道家悟出领导力，从儒家明白管理学，从佛家学到回归平凡。他融会贯通，悟出属于自己的商业逻辑和人生信念。不过，马云自幼最痴迷的却是武侠文化，阿里巴巴"十八罗汉"中有十六七个都特别喜欢金庸小说，充满浪漫主义和侠义精神。马云很喜欢《侠客行》里的石破天，"他简单、执着"——这正是创业初期所需要的人才特质。

马云上大学可谓一波三折。历经三次高考后，他侥幸过关，被杭州师范学院专科录取。没想到学校外语系升为本科，招生人数不足，他幸运地

---

① 《马云"杀"卫哲背后》，王长胜，张刚，《中国企业家》，2011年3月28日。

被选中进入外语系本科专业。

1988 年，马云大学毕业，进入杭州电子工业学院做英语老师，是同学中唯一一位本科毕业当大学老师的人。1992 年，下海潮席卷全国，马云应聘过许多工作，但都未有结果。他只好继续在学校按部就班地工作，同时创办海博翻译社，请退休老师做翻译。开张第一个月，马云赚了 200 元，但房租却花了 700 元。为了维持经营，马云独自背着大麻袋去广州、义乌批发小商品，卖礼品、服装、鲜花。或许正是这段经历，让马云萌生"服务中小企业，让天下没有难做的生意"的理想，这才有了后来的阿里巴巴。三年之后，海博翻译社首次实现盈利。

1995 年，马云受人之托，作为陪同翻译到洛杉矶落实一起投资案，谈判过程很不顺利，马云还差点被绑架。死里逃生，他没有第一时间回家，而是参观了位于西雅图的第一个 ISP（互联网服务提供商）公司 VBN。在狭小的办公室里，几个年轻人看着闪烁的屏幕两手不停地敲键盘。看到马云一脸惊叹的样子，VBN 公司的人很自豪，不无炫耀地打开电脑浏览器，键入 Lycos.com，扭头对马云说："要查什么，你就在上面敲什么。"马云尝试着敲了几个字母，页面马上就显现出来；他想给海博翻译社做个主页，中午就制作完成。当天晚上，马云就收到 5 封邮件，来自日本、美国等地的客户询问翻译价格。这是马云第一次接触互联网，他深受震撼，当即对 VBN 公司的负责人说："你在美国负责技术，我到中国找客户。咱们一起来做中国企业'上网'。"回国之后，马云就创办了"中国黄页"。

1995 年 5 月，"中国黄页"正式上线。当时对于互联网，人们头脑里没有概念，马云的业务做得极其艰难。他的角色是总经理，其实更像个推销员。就算很多人把他当成骗子，他还是不厌其烦地讲解，向别人宣传"中国黄页"。随着各企业纷纷建立自己的主页，马云团队的业务量直线上升。到 1997 年年底，"中国黄页"的营业额做到了 700 万元，创造了一个不小的奇迹。

1997 年，马云应中国国际电子商务中心的邀请，带团队来到北京，出任信息部总经理，凭借在"中国黄页"运营中积累的经验，他先后开发了对外经济贸易合作部官方网站、广交会（中国进出口商品交易会）网上平台等大网站。马云渐渐意识到中国有一个庞大的中小企业群体，它们担负着为世界制造产品的任务，但在世界商业舞台上却饱受盘剥之苦；它们凭自身力量无法打开渠道，只能依靠贸易公司勉强生存。马云决定，他要为中小企业谋生存、求发展，通过互联网提供一个平台，将全球中小企业的进出口信息汇集起来，让中小企业能走向世界。

马云

马云常说："工作本身是没有意义的，意义是你赋予它的。"他也曾对老朋友月真法师说："想通一半的人才出家，全想通了就应该还俗。'普度众生'在庙里怎么整？出去帮助千千万万的老百姓和成千上万的中小企业那才是'普度众生'。"[①] 这些言行体现了马云强烈的英雄情结。

1999年，马云回到杭州。2月21日，马云和"十八罗汉"凑够50万元创业，他希望阿里巴巴能坚持10个月，熬过10个月之后就能吸引到投资。果然，10月，马云遇到了他的贵人孙正义。此时阿里巴巴已经拿到以高盛为首的投资方500万美元的投资，并不缺钱。为了与孙正义的会面，马云准备了时长一个小时的演讲材料，没想到，"我说了6分钟，孙正义给我3000万美元。我没想到钱来得那么轻松，他没想到我不是来向他要钱的"。这是马云此生最戏剧化的场景。不过，马云觉得钱太多，只要了2000万美元。

在创业初期坚守的日子里，马云每天向大家讲目标和口号。绝大部分人因为看见而相信，只有极少数人因相信而看见。马云显然是后者，他是坚定的理想主义者。20年前，18个人因为相信互联网，相信电子商务，相信一群有情有义的人能够合力做一件有价值、有意义的事情而聚在一起。因为相信，阿里巴巴才有今天。

马云相信使命感和责任感是激发胆魄、勇气的源泉，阿里巴巴是一家用价值观、使命与愿景驱动的公司。2001年1月，在通用电气公司工作16年的关明生出任阿里巴巴首席运营官（COO），第一把火就是协助马云开展"毛氏运动"。"运动"包含三项内容："延安整风运动""抗日军

---

① 《这就是马云》，陈伟，杭州：浙江人民出版社，2015年1月版。

政大学""南泥湾开荒"。马云从中体会到"用价值观来统一思想，通过统一思想来影响每一个人的行为，最后形成合力"的重要性。

马云的价值观绝不是说说而已，而是渗透公司的每个角落，深入员工的心中。公司围墙边竖着"诚信中国"几个大字；办公室里挂着金庸手书的"宁可淘不到宝，也不可丢诚信"；而绩效考核中，价值观考核的比重占到一半以上。有员工说，马云每次演讲都能让员工的价值观得到提升。作为缔造并传播价值观的企业的核心，马云自然有无可撼动的地位。

人们都知道，马云是个武侠迷，视风清扬为偶像。在《笑傲江湖》中，风清扬从未正面出现，但通过徒弟令狐冲及任我行等人的评价，马云认定风清扬就是金庸所有武侠角色中最厉害的人。这种"我不在江湖，江湖却总有我的传说"的状态令马云无比向往。

2007 年 11 月 6 日，阿里巴巴的 B2B 业务在香港联合交易所挂牌上市，发行价每股 13.5 港元，当日收盘价达到 39.5 港元，市值约 260 亿美元，阿里巴巴成为中国市值最高的互联网公司。意外的是，2012 年 6 月，阿里巴巴宣布私有化 B2B 业务，从香港退市，回购价为 13.5 港元，阿里巴巴为此付出近 190 亿港元。

退市是马云以退为进的既定战略，一切只为加强马云对阿里巴巴的掌控。2014 年 3 月 16 日，重新赴港上市的计划因制度约束破灭后，阿里巴巴集团宣布转投美国资本市场，并在此后的短短一个多月内频繁并购：以 62 亿港元控股文化中国、以 2.15 亿美元投资 Tango、以 53.7 亿港元投资银泰、以 65.4 亿元入股华数、以 12.2 亿美元入股优酷土豆……这样马不停蹄的并购在国内互联网行业实属罕见，通过并购迅速抢占细分市场可以让阿里巴巴在资本市场上获得更高估值。

2014 年 9 月 19 日，阿里巴巴正式在纽约证券交易所敲钟上市，当日收盘价报 93.89 美元，较发行价涨幅达 38.07%，当日市值达到 2314.39 亿美元。阿里巴巴超越 Facebook，成为仅次于谷歌的全球第二大互联网公司。借阿里巴巴的上市，马云的身价暴涨至 181 亿美元，登上中国内地首富的宝座。为了见证上市这一难忘的时刻，马云请来阿里巴巴生态系统的 8 名参与者到纽约共享荣耀。他表示，此次上市，阿里融到的不是钱，而是信任，"是所有人对我们的信任、客户的信任、时代的信任、投资者的信任。所以我希望大家能够对得起这份信任，对得起我们自己心里面从第一天开始的梦想"。

在此之前的 2013 年 5 月 10 日，马云宣布卸任 CEO 一职而专职董事局主席。他说："我不再年轻，阿里巴巴的下一代比我们更有优势运营好互联网生态系统。"[①]

如今阿里巴巴的市值已位居全球第六，站在了一个新的历史高度，离"做一家中国人创办的世界上最伟大的公司"的理想更近了。在这个标榜商业精神的年代，太多人热衷追逐世界 500 强、大数据、新零售等热门话题，却淡忘价值观中蕴藏的高远理想和使命。理想和使命并非后天逐渐积累形成，而是被唤醒的。要相信，那道光一直都在。

---

① 《马云退而不休：业内称阿里巴巴发展不受影响》，李斌，《京华时报》，2013 年 1 月 16 日。

【时代人物】袁隆平："杂交水稻之父"

从 1979 年首次走出国门开始，中国杂交水稻已在世界上 30 多个国家和地区得到研究和推广。杂交水稻不仅解决了中国人的吃饭问题，还对缓解全球饥饿问题做出了卓越贡献，被冠以"东方魔稻"等美称，甚至有人将其与中国古代四大发明相媲美。作为"杂交水稻之父"，袁隆平居功至伟。

袁隆平说："我有一个梦，我梦见我们种的水稻，长得跟高粱一样高，穗子像扫把那么长，颗粒像花生米那么大，我和助手们就坐在稻穗下面乘凉……"这个禾下乘凉梦，曾真切地出现过两次；而关于水稻的梦，他一做就是 50 多年。

20 世纪 60 年代，青年袁隆平在湖南省安江农校当老师。在早稻品种试验田里，他注意到有一株水稻"鹤立鸡群"：株型优异，穗大，种粒有 160 多粒，远远超过普通稻穗。他立刻给这株水稻做了记号，并将其所有谷粒留作试验的种子。但令他失望的是，到了第二年，这些种子长出的禾苗高矮不一，抽穗时间早晚不一，产量也不如它的"前代"。袁隆平大胆猜测，这可能是一株天然杂交稻。

1966年，袁隆平发表论文《水稻的雄性不孕性》。他首次提出"三系法"杂交水稻：通过进一步选育，可以获得雄性不育系、保持系和恢复系，实现三系配套，使利用杂交水稻第一代优势成为可能，从而带来大幅度、大面积增产。然而，从纸上理论到试验田，杂交水稻研究走过了一条布满荆棘的艰辛之路。袁隆平遭遇人为毁禾、地震等考验，以及试验技术上的数次重大失败，但他并没有气馁。

袁隆平和助手轮流到气候温暖的海南、云南等地育种，用1000多个品种的常规水稻与最初找到的雄性不育株及其"后代"进行了3000多次试验，但能保持不育特性的植株比例不但没有提高，反而不断下降。

有一次，袁隆平看到国外有关高粱杂交试验的论著，他决定利用野生稻走远缘杂交之路。1970年，两名助手在海南找到野生稻雄性不育株，袁隆平确认后将其命名为"野败"。1971年，袁隆平无私地将"野败"材料公之于众，大大推进了杂交水稻在全国的研究。1972年，袁隆平和助手将"野败"与栽培稻杂交转育成功，但杂交水稻除了稻草比常规稻多一倍之外，稻谷没有显示出增产优势。然而在袁隆平看来，这次失败恰好证明杂交水稻具有优势，关键是将这种优势向稻谷发展。在袁隆平的指导下，研究人员改进品种组合，第三年达到亩产505公斤，比常规水稻增产30%。此后，水稻试验田产量逐年递增，到2017年，平均亩产达到1149.02公斤。

2005年年底，联合国世界粮食计划署在北京正式宣布，从2006年起停止对华粮食援助。这标志着中国长达四分之一个世纪的粮食受捐历史画上了句号，中国开始成为重要的对外援助捐赠国，为解决世界粮食问题做出贡献。

袁隆平

袁隆平一直有一个梦想——"杂交水稻覆盖全球"。他说，如果全世界有一半的稻田种上杂交稻，以每公顷增产 2 吨来算，每年可增产 1.5 亿吨粮食，能多养活 4 到 5 亿人口。然而，进入 21 世纪之后，袁隆平却不时遭到非议诽谤，而他性格耿直率真，胸怀宽广，往往把诋毁当作向公众科普杂交水稻的机会。

2014 年秋天，安徽蚌埠等地的近万亩"两优 0293"（超级稻品种）出现大面积绝收或减产。一时间，对超级稻的质疑甚嚣尘上，"超级稻稻种严重过剩""超级稻口味、品质不佳"等话题在网上流传。舆论纷乱，袁隆平出面反驳。当年 10 月，他在《环球时报》上发表《请别再向超级稻泼脏水》一文，从历史发展、现实数据的角度进行了驳斥，承认有问题，但绝非一些"居心叵测"之人描述的那样。他在文章结尾处语气坚定地写道："超级稻研究事关国家荣誉和粮食安全，无论遇到什么困难，我绝不会退缩。"①

2015 年 5 月，袁隆平听到外国记者说"湖南的转基因大米"时立即纠正道："杂交水稻不是转基因的。"② 2016 年，袁隆平在长沙接受采访时辟谣说："我们的杂交水稻完全不是转基因，（这是）完全不同的事。它是由两个遗传性完全不同的品种（杂交而成），同时优良性状互补。比如有一个穗子很大，籽粒（很多）很小，但是另外一个品种籽粒很大。一个籽粒很多，一个籽粒很大，这个杂种（的籽粒）就会又多又大，这就是杂种优势。"

还有一件事情备受关注——袁隆平至今没有入选中国科学院院士。1994 年以前，他曾两次在中国科学院院士评选中落选。1994 年中国工程院成立时，他申报工程院院士落选；直到 1995 年，在湖南省第四次推荐后，他才最终当选中国工程院院士。2006 年，袁隆平以全票当选美国科学院外籍院士；但在 2008 年，他因没能得到足够的票数再次落选中国科学院院士，这在民间引起广泛议论。时任中国科学院院长路甬祥在当年"两会"期间表示，袁隆平完全有资格当选中科院院士，之所以没有当选，"是一个历

① 《袁隆平，半世纪的盛名与争议》，余驰疆，李志鹏，《环球人物》，2016 年第 26 期。
② 《袁隆平：杂交水稻不是转基因》，颜宇东，李云政，《潇湘晨报》，2015 年 5 月 28 日。

史的误会"。

袁隆平澄清说："我并没有追求当什么院士，美国科学院的院士，我也从来没有申请过，是人家推荐我的，而且是全票当选。""我是搞研究的，能出新成果，能为粮食安全做贡献，这就是我最大的安慰了。现在国际上给我的奖励是14个，估计在农业方面我是最多的，但我并不以此为骄傲。"①

尽管如此，袁隆平还是认为我国两院院士评选中存在不合理之处，"根据我的体会，一般来讲，和地方上的学者相比，中央单位的学者票数就多点。在同等水平下，绝对是中央单位的学者当选。这就有点不太合理。那时候有几个省一个院士都没有，这并不能说明这个省的科技水平低，所以还是有些门户之争的"②。

有专家分析，中国科学院院士增选条例中有规定，候选人一般不能超过65岁，但袁隆平已经80多岁了，如果想破格入选，需要6位院士提名，其中必须有4位和袁隆平同属一个专业。中国科学院的院士大部分是理学专业，很少有人跟袁隆平一样是工学专业的，所以袁隆平才遗憾落选。而且像袁隆平这样落选的案例并非只有一个，例如诺贝尔生理学或医学奖获得者屠呦呦也没有选上中科院院士。

没有选上中科院院士对袁隆平没什么影响，如今他还经常下田，身体力行地做研究；亲自带领团队，去国内多个省市进行海水稻的种植测试。近年来，袁隆平的听力下降越发明显，虽是老毛病，但也让他有所担忧。他越来越注重养生，从前是一天抽一包中华烟，如今已完全戒掉。他说："保

①② 《袁隆平回应中科院落选：两院评选存在门户之争》，饶贞，谢智慧，《广州日报》，2008年3月21日。

养身体，是为了每天下田。"只要在水稻生长期，他必定每天亲自下田观察。2018 年 5 月 26 日，由来自印度、埃及、阿联酋等国专家组成的团队对袁隆平带领的青岛海水稻研发中心团队于迪拜热带沙漠地区试验种植的水稻进行测产，其中一个材料产量亩产超过 500 公斤，两个材料产量亩产超过 400 公斤，在沙漠里种植水稻初获成功。

湖南杂交水稻研究中心研究员，同时也作为袁隆平秘书的辛业芸是《袁隆平口述自传》的作者，她说袁隆平很害怕别人把他写成一个典型的学术大师，不苟言笑，正襟危坐，谈学术永远都义正词严。"他只不过是一个幸福的老头，有时候遇到件乐事，他就会咧着嘴，如孩子般笑得很开心。"

袁隆平曾说自己是一个从小喜爱跳高运动的人。搞科研就像跳高一样，跳过一个高度，又有新的高度在等着。如果不跳，早晚要落在后头；即使跳不过，也可为后人积累经验。他说："在退休前，我要做好两件事，就是实现杂交水稻大面积示范亩产 1200 公斤，以及耐盐碱的海水稻培育。"[1]

如今，袁隆平已近 90 岁，但他自称心理年龄永远 30 岁，他仍在杂交水稻的科研路上奋勇前行，不舍昼夜，向新的高度攀登。他说："我毕生追求就是让所有人远离饥饿。"[2]

---

[1] 《"杂交水稻之父"袁隆平：做完这两件事我就退休》，王晓斌，中新社，2018 年 4 月 14 日。
[2] 《袁隆平：一粒种子的承诺》，胡其峰，《光明日报》，2007 年 5 月 23 日。

第 七 章

在新世纪重新崛起

进入 21 世纪以后，随着互联网的冲击和产业结构调整，许多红极一时的企业或轰然倒下，或销声匿迹。"剩者为王"的时代，志存高远者充满危机意识，以转型升级带领企业走出困境，重新崛起。

苏宁早已在家电连锁领域称王，但是面对阿里巴巴、京东等电商崛起，张近东感受到前所未有的危机。富士康被称作"全球代工之王"，然而经历 2010 年的"十二连跳"之后，郭台铭心志消沉。李想和姚劲波都曾年少成名，实现财富自由，却也品尝过失败的滋味。在时代变局中，他们以倔强的、顶天立地的姿态踏上新征程。

蜕变并不容易，他们需要在并不习惯的行业以并不熟悉的方式向可能不适应的市场节奏冲杀、嘶吼，以激情和勇敢重新定义"志存高远"，去赢得对手和公众的尊重。在商海跌宕沉浮、百转千回，强者却永不言败。

张近东："大象"转身

　　张近东在世人眼中是一位温文尔雅、低调深沉的儒商，与两位著名对手黄光裕、刘强东的霸道激进对比鲜明。然而这并非他的全部——他实际上雄浑刚硬，铁腕雄心，再加上身材结实、浓眉大眼、面庞冷峻，完全是一位典型的中国硬汉。

　　自1987年创业至今，张近东已走过30年风雨征程，对手起落沉浮，他仍蓄力前行。江湖变幻，硬汉依然。

　　1984年，张近东从南京师范大学中文系毕业。毕业后去学校当老师——这是同学们梦寐以求且认为理所当然的职业，但是张近东并不这么想。年幼时的致富梦想一直鼓励他大胆选择道路。最终，他到南京市鼓楼区的国有企业豪威集团做了一名文员。

　　3年之后，哥哥张桂平下海，张近东毫不犹豫跟随哥哥创业。他们联手开办了一家空调服务公司，承揽电脑、空调安装等零散活。张近东勤奋热情，为人仗义，有些高校渐渐将业务交给他，既有计算机、打印机等零散设备的集中采购，也有老虎钳、钻头、钉子等小物件的代购。张近东说："可能当时学校老师也没什么经验，由我们集中代购，赚点差价。"那时没有固定的主营业务，什么赚钱卖什么，张近东说："没有想过赚大钱，主要是为了生活。"

1989年，张近东在南京湖南路开办康乃馨咖啡厅。开咖啡厅需要置办空调，当时春兰空调享誉全国，可是在南京没有代理商，商场里的价格又太贵。张近东通过熟人找到春兰空调南京办事处主任卞国良，顺利以优惠价格拿到两台柜式空调，两人自此结缘。20世纪90年代初，春兰空调进入高速发展时期，改直销方式为在各地招经销商。经卞国良引荐，张近东前往江苏泰州的春兰空调器厂参观，并当场敲定经销合作。张近东后来说："做事情只要有60%的把握就坚决干。"

1990年12月26日，张近东的专营店开业，店面不足200平方米，包括他本人在内也就十几个人，店门口却竖着两块牌子，一块是"苏宁交家电公司"，一块是"春兰南京专营店"。春兰空调是他唯一的合作厂家。

1991年春节过后，气候日渐升温，店里的生意越来越好。张近东猛然发现，他进入的是一座巨大的金矿，财富增长的速度比他当初想象的快得多。为了赚更多的钱，张近东不仅做空调零售，也做批发，身兼采购员、促销员、搬运工等职，什么活都干。到8月盘点时，张近东大吃一惊，不到一年，销售额竟达到2000万元，盈利几百万元。

这一年，张近东在深圳与供应商吃饭，席间对方高声说："现在百万富翁不稀罕了，深圳已有千万富翁啦！"张近东并未声张，只是默默喝了两杯酒。在座没有人想到，眼前这个不到30岁的年轻人已身家千万。

南京素有中国"四大火炉"之称，张近东的空调生意也做得热火。

产品供不应求，资金紧张时没钱屯货，他就先收钱再去进货、送货、安装。"先卖货，后进货"后来逐渐演变为"反季节打款"，即淡季打款，旺季进货。工厂拿到苏宁的预付款可以保证淡季稳定生产，避免生产能力浪费，而且淡季原材料、零部件的采购成本比较低。对于苏宁来说，淡季订购可以拿到较大优惠，而且能抢在对手之前把货源敲定。这种"双赢"合作实际是张近东的豪赌，因为所有风险全部由苏宁承担。张近东比谁都关心天气预报，关心下一年是"热夏"还是"凉夏"。有一次他向春兰支付了5000万元预付款，在支票上签字时他竟然右手发抖，浑身大汗淋漓。

然而，随着苏宁以"打款机器"的方式迅速壮大，合作厂商意识到"掌控终端、实现渠道扁平化"的重要性，直接渗透到二、三级市场，甚至自建终端。1997年，春兰投资10亿元，建立3000家星威连锁店，由过去的"发展大户"转为"封杀大户"；美的宣布"限制大户，扶持中户，发展散户"；海尔则宣布"建立店中店，发展专卖店"。"砍大户"成为20世纪90年代末家电行业的流行词汇。

对张近东而言，过去的盟友已成为竞争对手，他利用行业混战的洗牌机会开拓新的合作伙伴，以合资参股的方式加强控制权。"渗透"策略可以提升供应商的可靠性。虽然后来的结果证明"捆绑婚姻"无法持久，但2000年苏宁的营业额不降反升，达到40多亿元，成为中国空调行业"打不倒"的经销大户。

与此同时，苏宁的经营模式由批发转向零售，将一些办事处转变成子公司，在条件成熟的县市开设零售专卖店，尝试连锁经营。当时批发业务一年能达到 20 多亿元，但张近东强力压缩，将资源从批发部门转移到零售业务上。1999 年 12 月，在当时被誉为"中华第一商圈"的南京新街口，苏宁自建的 18 层苏宁电器大厦开业，这是中国当时单店营业面积最大的综合电器零售商场。张近东摒弃传统的招租代销模式，全部自营。

此时中国家电零售行业已进入苏宁、国美"双雄争霸"的时代，战场从区域市场扩展到全国，双方短兵相接，跑马圈地。2004 年 6 月，国美抢先在香港上市。一个月后，苏宁登陆深圳证券交易所，张近东兴奋得连上市敲钟的槌子都敲断了。2006 年，国美收购永乐之后，黄光裕提出收购苏宁，张近东强硬怒斥黄光裕："苏宁做事虽然低调，但不是无能。你不要想，即使想买也买不起。如果苏宁做不过国美，就送给你。"两年后，苏宁的销售额和店铺数终于超过国美。又过了两年，国美陷入控制权之争，苏宁顺势成为行业老大。一年后差距拉开，2011 年，苏宁的年收入约为国美的1.57 倍。

在此之前，张近东已涉足电商领域。2010 年 2 月 1 日，"苏宁易购"正式上线，7 月正式运行，当年的销售额超过 20 亿元。2013 年 6 月，苏宁消除价格壁垒，实行线上线下同价，将两大平台合二为一，协同发展；9 月，苏宁对第三方卖家免费开放，同时在实体店帮助商户进行品牌展示，为消费者提供零距离体验；苏宁遍布全国的 1600 多家店面配套提供自提、支付、配送等服务；为了吸引流量进行终端布局，苏宁在 10 月收购 PPTV……

2014 年 5 月 20 日，"苏宁易购"超市频道上线，食品、酒水、居家用品等商品琳琅满目。从传统的 3C 产品（计算机、通信、消费类电子产品）、家电，到母婴、美妆、百货、服饰、图书、虚拟产品等全品类扩张，张近东看得很清楚："苏宁全渠道的价值必须要通过商品来体现，用户的体验、流量的引入、黏性的提升，最基础也是最重要的就是商品的丰富度。"

相对于天猫的"双十一"、京东的"618店庆日"，苏宁在2014年推出独具特色的"818购物节"。为确保物流品质，苏宁"急速达"在不加收任何费用的情况下，在客户下单2小时内送达。

不过，苏宁的优势依然是线下庞大的实体店资源，如何最大程度挖掘优势是转型的关键。2015年4月28日，上海浦东的一家苏宁店经过改造重新开业，吃、喝、玩、乐都有涉及，这是苏宁推出的苏宁易购生活广场，处处体现O2O思维。苏宁在全国有1600多家店面，做O2O拥有得天独厚的优势。张近东对未来门店的定位很清晰——获取流量的入口，为用户提供体验的宝贵资源，低成本服务用户的载体，O2O模式的核心。

苏宁一直以互联网思维改造实体店，比如全店覆盖Wi-Fi，产品由家电为主调整为综合品类，尽量转化为虚拟展示，线上购物产品自提，为线上导入流量，等等。作为实体店进行互联网改造的样板，苏宁易购生活广场被打造成一站式生活服务平台，主营业务不再是销售，而是"卖生活、卖服务、卖体验"。对于那些不能成为流量入口、提供体验的店面，苏宁坚决淘汰。

张近东将未来的店面定义为"云店"："用乔布斯做苹果、雷军做小米一样的精神去做云店。"外界开始宣扬苏宁要做"亚马逊＋沃尔玛"，但这种论调并没有满足张近东的胃口，他在2015年3月接受采访时豪气冲天："现在的目标是要超越它们，而且很有信心。"

2015年8月10日，阿里巴巴投资约283亿元，成为苏宁第二大股东，苏宁则以 140 亿元认购对方不超过 2780 万股的新股票，中国零售史上最大手笔的合作由此诞生。声势浩大的舆论似乎只强调马云的精明和野心，却忽略了张近东的以退为进。

在过去十年间，这个师范生出身的白面书生以破釜沉舟的勇气，带领拥有 18 万员工的千亿级公司向互联网企业转型。"大象"转身，如履薄冰。与阿里巴巴"联姻"无疑是苏宁互联网征程中关键的一步，其打通线上线下的 O2O 进程将实现飞跃性发展。

郭台铭：走出"紫禁城"

郭台铭 1974 年在台湾创业；1988 年扎根深圳宝安，成为"野蛮生长"的第一批"拓荒者"；20 世纪 90 年代初布局全国，生产基地如雨后春笋般遍布；90 年代末进军全球，成为隐居苹果、索尼、戴尔、IBM 等巨头背后的"无名英雄"；2010 年在"十二连跳"的暴风骤雨中饱受非议，3 年后将富士康更名，脱胎换骨。40 年往事如烟，郭台铭雄心不减却步履蹒跚，在转型蜕变的生死攸关时刻，他如何熬过寒冬，迎来春天？

富士康就像一个风向标，它见证过改革开放的风云激荡，也预示未来 40 年经济转型与产业升级的方向。郭台铭的创业史也呼应了中国改革开放史。郭台铭任何勇敢的尝试与探索，都注定意义非凡。

郭台铭的右手手腕上时常戴着一串从成吉思汗庙中请来的念珠，这位 13 世纪的蒙古征服者是他的偶像。他还曾专门赶到内蒙古探访成吉思汗的后人，了解"一代天骄"及其子孙如何打到欧洲，统治当时世界已知版图

80%的领土。"方向、时机和程度都要靠速度来完成。平的世界的竞争制胜，必须仰赖速度和效率。"这是郭台铭总结的成吉思汗成功秘籍，也是富士康的制胜法宝。

1974年前后，美国对台湾纺织品实行配额管理，当时郭台铭在复兴航运公司负责排船期及押汇，看到纺织商每天都在抢出口航位，他意识到出口制造潜力巨大。恰好遇到一笔等人承接生产的塑料零件订单，他就找人合伙凑了30万元台币，成立鸿海塑料企业有限公司，与15名员工挤在租来的83平方米的厂房里辛勤劳作。

1980年，公司成立化学电镀部门，郭台铭为购买模具机器前往日本考察。他发现电子游戏机和计算机行业在日本生机勃勃，尤其是个人电脑（PC），生产电脑连接器大有可为。1983年，郭台铭依靠成熟的模具技术，以电脑连接器为突破口，采用薄利多销的竞争策略赢得大量订单。1985年，郭台铭豪情满怀地打出"FOXCONN（富士康）"这张颇具国际化气质的招牌，直接进入海外市场。这一年，鸿海集团的销售额达5.6亿元台币。

1988年10月，在深圳西乡崩山脚下，深圳海洋精密电脑接插件厂建成，这是富士康在大陆兴建的第一家工厂。1996年6月6日，富士康深圳龙华工业园正式建成并投入使用。深圳只是郭台铭进军大陆的第一站，他的投资版图扩张大致可分为四个阶段：1988年前后，以深圳为核心，在东莞、佛山、惠州等珠三角城市打造PC产品及其配件的研发、加工制造基地；1992年前后，以昆山为核心，在上海、杭州、淮安、常熟等长三角城市及周边地区打造PC及其元件的生产制造基地；2000年前后，以烟台为核心，在廊坊、大连、秦皇岛、营口等环渤海经济圈城市打造以手机等移动通信设备、新能源产品等为主的研发制造基地；2005年前后，以太原、武汉为核心，在晋城、重庆、成都等中西部地区打造满足未来内需市场的数码相机、手机等产品的生产基地。截止到2010年7月，富士康已在大陆设立80家子公司。郭台铭的投资节奏基本是从珠三角到长三角，从沿海到内陆，从东部到中西部，每一个节点都与改革开放40年来中国整体经济的发展路径相吻合。

这种风格也被沿用于征战全球市场：在美洲的美国休斯敦、洛杉矶，以及墨西哥、巴西等国城市，建有20多个研发、生产、物流供应及维修服务网点；在中国之外的亚洲市场设有4个工业园、1个科技园等7处生产基地；在欧洲的苏格兰、芬兰、匈牙利、捷克、俄罗斯等地建有组装厂和制造中心。从美国到欧洲工业国家，再到"金砖四国"等后起之秀，这种踩准全球经济发展节点的思路，与布局大陆市场的路径一脉相承。

紧跟经济趋势和国家政策可视为"顺着太阳落下"，边建厂边出货如同"在马背上行军"，郭台铭以成吉思汗的征伐方式，迅速崛起为"全球代工之王"。他生长于海峡对岸，起飞于大陆，称霸于全球。尽管富士康还未陷入崩裂的局面，但"速度制胜"的大旗却让员工疲惫、渠道乏力，加上独裁文化等问题40年间相生相伴，一切累积至2010年惨痛爆发，"血汗工厂"遭到世人谴责。

2010年1月23日到5月26日的4个多月内，富士康先后有12名员工以跳楼表达对现实的无奈、怨恨，以亲友的哭泣作为生命谢幕的悲曲，方式之极端、频率之紧凑、时间跨度之短令人震惊。也许只有郭台铭本人才能真切感受到生不如死的煎熬和痛苦，"十二连跳"之后的3个月内，一贯霸气、高傲的郭台铭白发陡增，血丝布眼，一脸疲惫，似随时都有倒下的可能。商海沉浮几十年，这应该是他遭遇的最沉重打击：斗志昂扬地在全球开疆拓土，不过是蜗居深圳自筑围城；鹰击长空万里翱翔，却被丝线牵拽形同风筝。

美国《华尔街日报》曾将深圳富士康称为"紫禁城"，这种说法并非没有依据。正是凭借军事化管理的高效执行力和标准化、流程化推进的精益生产，富士康得以高歌猛进。截至 2009 年年底，富士康有 11.87 万名员工，比上年增加 9.7%，但员工成本总额却从 6.72 亿美元减少到 4.85 亿美元，比例高达 28%。2010 年的"十二连跳"只是危机蔓延后的爆发。然而，一切并未结束，在此后三年中，全国各地的富士康工厂每年仍有员工跳楼自杀的惨剧发生，事件背后隐藏的问题并未得到彻底解决。

与其说富士康是"代工帝国"，不如说它是一座围城。生命之轻与梦想之重，青春激情与苍凉人生，都可在此一览无余。但它亦像一把开山斧，承载着探路与追梦的使命。郭台铭的突围与选择，将影响中国制造业的未来，甚至改变全球产业格局。

2013 年必将成为富士康企业史上值得铭记的年份。在创业的第 40 个年头，郭台铭面临内忧外患的危局与自我折磨的蜕变。这年 6 月，富士康宣布将在哈尔滨哈南工业新城投建机器人产业园，一年后将打造 100 万台机器人的生产大军。"百万机器人计划"一旦实现，对于全球制造业的革命性影响可想而知。

郭台铭很早就启动了渠道建设计划，希望能摆脱苹果等巨头的控制：从外销转为内销，从精密制造转向科技服务。为了打开国内市场，富士

康由 3C 走向新 3C^①，打造赛博数码、鸿利多等营销渠道，并制定无线
应用、太阳能、环保科技、医疗生物技术等多项发展计划，以实现科技
服务转型。但是，隔行如隔山，郭台铭的渠道变革收效甚微，被寄予厚
望的"飞虎乐购"经营惨淡，三年换三任董事长都无济于事。渠道转型
的道路艰难而漫长，郭台铭必须在退休之前迈过这道坎，才能将继任者
"扶上马再送一程"。

2016 年 2 月底，富士康宣布以 7000 亿日元（约 407 亿元人民币）收
购日本夏普接近 66% 的股权，此举开创外资收购日本大型消费电子集团的
最高交易纪录。手握全球最大消费电子产品代工厂商，郭台铭一直希望在
液晶面板领域有所作为，他曾直言面板是战略物资，更是关系富士康转型
升级的基石。夏普掌控液晶面板的核心技术和专利，并购夏普已成为那两
年郭台铭的头等大事。入主夏普之后，郭台铭会集中双方优势打造出全新
的 OLED（有机发光二极管）供应链，并且在 LTPS（低温多晶硅）技术基
础上发力推出 AMOLED（一种显示屏技术）产品，三星的垄断优势将土崩
瓦解。另外，在被视作未来显示器主角之一的"有机 EL 面板"领域，富
士康还可以借助夏普的技术优势获得更大成就，而这也是苹果重视的产业
方向。

没有人怀疑郭台铭的经营能力和变革决心，过去 40 年中，他顺风顺水，
几乎未尝败绩，这也造就了他的霸气独断，以至 100 多万人的富士康竟无
人能接班。虽然富士康各个事业群的各路"诸侯"手中都管理千亿资产，

---

① 新 3C 指连接、控制、垂直行业融合。

统领十几万员工，位高权重，但每个人与权力中心的距离却很微妙，富士康内部的权力体系与组织结构图呈现的情况并不一致，盘根错节的关系连内部人士都未必能看透。郭台铭在 2008 年 2 月曾表示将于 4 月 1 日起退居二线，2010 年 2 月初，他又宣布将调整退休计划，到 70 岁再退休。这一年他 60 岁，意味着他将再战 10 年。如今近 10 年过去，继任者仍未浮出水面——这才是决定富士康蜕变成败的关键因素，也是郭台铭商业人生中的最大考验。

好在变革已经开始，不只是郭台铭一个人的重生。

李想的理想与现实

2006 年春天，李想荣获年度"中国十大创业新锐"，成为首个获此殊荣的"80 后"，他由此一夜成名。各路媒体慕名而来，将他与 Majoy 总裁茅侃侃、北京康盛世纪科技有限公司 CEO 戴志康、中国娱乐网 CEO 高燃三位"80 后"创业者并列称为"京城四少"。李想成为时代骄子、青年偶像，他对此颇为得意，笑称"汽车之家"网站"至少省了 2000 万元广告费"。3 年后，这家公司的资产由当初的 10 万元增值到 2 亿元人民币，"'80 后'财富新贵""新生代企业家领军人物"等各项头衔纷至沓来。

如今整个社会仍然对"80 后"企业家代表人物，尤其是励志精英分子满怀期待，希望他们在新一波创业和财富浪潮中树立榜样。从 2000 年创办"泡泡网"到 2015 年转身为投资人、再创业，李想连续创业的 15 年，正是中国互联网行业、创业热潮风起云涌、高歌猛进的黄金 15 年。

从这个意义上来说，李想的输赢成败，与他的理想主义和奋斗精神相比，与其注定被写入中国商业史的荣耀相比，显得微不足道。

　　1999年5月，正是寒窗苦读的学子们全力以赴冲刺高考的时候，李想却辍学创业，老师竟没有半句劝说——"后进生"李想的退出有利于提高班级升学率。父亲毫不意外——儿子长期沉迷于电脑和电脑杂志。父亲至今仍记得李想当年辍学的理由："互联网是个潜力无穷的增长市场，现在我不去占领，等我读完四年大学，早就被别人占领了。"①

　　早在初一下学期，李想就吵着要买电脑；初中毕业时，父母才花费8000多元帮他"攒"了一台电脑。1998年12月，李想花3天时间做成了一家个人网站"显卡之家"，3个月后，访问量由每天200人增长到7000人。到1999年年初，他已经靠页面广告等收入每月获利近2万元，半年赚了10万元，获取了人生"第一桶金"，就此退学。

　　2000年春节刚过，李想在石家庄注册泡泡网公司，媒体以"为了前途不上大学的创业者李想"为题做了详细报道。2001年年底，李想来到北京，在北京林业大学附近租下一套不足60平方米的民居，早上办公，晚上睡觉。泡泡网从这一年开始盈利。2002年年初，李想搬进中关村硅谷电脑城写字楼，正式开始商业化运作。他每天关注市场最新动态，厂商也会把最新产品拿来给他们测评。泡泡网的专业性特征明显，而且更新速度非常快，深受客户青睐。

　　2003年某个早晨，泡泡网发生了一场"大地震"。尽管李想极力淡化此事，但这依然是他成长的重要转折点。他的管理风格、水平由此发生质变。泡泡网有20多位编辑，但这天有半数编辑集体辞职，网站基本无法再运营。第二天，李想召集剩下的人开会，立即招聘新员工，从头开始培养。大概花了一周的时间，泡泡网重新恢复正常运营。在这一周内，李想面临极大

① 《"80后"李想：4年造就亿万身家》，《江苏商报》，2010年11月12日。

的压力，不过，客户纷纷打电话支持："你一定要扛住，无论如何我们会继续给你投广告。"

风波很快平息，但李想并没有停止自我反思。创业以来，他很少听别人的意见，而是极力说服别人赞同他的想法，与员工沟通不畅，公司就像一盘散沙，他反而成了公司发展的瓶颈。此后，他彻底放弃利用 QQ 等即时聊天工具的沟通方式，开始跟员工面对面谈话，学习体谅别人，发挥别人的能量。

因祸得福，差一点就导致公司前功尽弃的"崩盘"事件引发了李想对转型的思考，使他开始新的冒险。运营泡泡网的过程中，李想心中一直有一个隐痛：没能做到第一。因为"没有把握好时机"。电脑硬件发展最重要的时间窗口是 2000—2003 年，那时候谁能成为第一就意味着坐稳了行业龙头地位。这个时机被太平洋电脑网和中关村在线抓住了，李想只有寻找其他的增长市场。

2004 年冬天，汽车市场从卖方市场转向买方市场。李想正式筹备汽车垂直导购网站"汽车之家"，立志做"一帮汽车产品爱好者的网站"。2005 年 6 月，汽车之家正式上线，秉承泡泡网的优势精耕内容，靠广告盈利。李想本人也实现蜕变，"从一个技术产品导向的人彻底变成了消费者和市场导向的人"。他强调"用体验和结果说话"，要求"控制个人的基础人性"[①]，把喜欢的车和网站该做的车明确分开，以确保网站专心满足市场需求。甚至在细节上，他要求任何一个标题、图片、链接必须直接进入主题，绝对不许做二次跳转，只为保障用户的浏览体验。

---

① 《"汽车之家"如何揽入 9 个亿？》，王采臣，《创业家》，2013 年 5 月 15 日。

最初一两年,汽车之家运营得并不顺利,卖广告很费劲,中小客户尚好,国际大客户却不买账,即使其网站访问量当时已做到市场前几名。做品牌推广"烧"了很多钱,李想到处融资,被周鸿祎等天使投资人拒绝后,他从薛蛮子手上拿到100万美元。然而,相比汽车之家每年"烧掉"几百万元,许多管理层人员与员工更愿意发展泡泡网,毕竟泡泡网2005年的营业收入近2000万元。李想坚持自我毫不动摇,结果噩梦重现,短短几日之内,一大批员工集体辞职。

李想不得不重新招聘员工,但他意识到,在激烈竞争中通过试错去累积经验成本太大,要是再走弯路,汽车之家可能再无活路。李想接受薛蛮子的建议,让秦致接手汽车之家。2007年7月,秦致正式担任汽车之家总裁,公司当年营业收入近1000万元。第二年,在薛蛮子的撮合下,李想将汽车之家连同泡泡网55%的股份卖给澳洲电讯,但保留运营团队。经过4年的高速发展,到2012年,汽车之家员工超过1000人,营收达9亿元,澳洲电讯借机出资3700万美元将持股比例提高至71.5%,秦致任CEO,李想任总裁。这意味着李想的实权逐渐被剥除,更多时候他扮演公司精神代言人的角色。

2013年冬天,稳居汽车网站领域第一名的汽车之家顺利完成首次公开募股(IPO),在12月11日成功登陆美国纽约证券交易所,市值超过30亿美元。招股书显示,澳洲电信占股71.5%,创始人兼总裁李想持股5.3%,CEO秦致持股3.2%。李想内心感慨,微博上"天冷,心热"四个字意味深长。

2014年6月,汽车之家抓住汽车电商的热潮,将"车商城"全面接入京东商城、拍拍网,正式进军电商领域。值得玩味的是,李想在6月9日"股票禁售期"结束后的半年里，陆续抛售116万股股票，持股比例降至4%以下，离职传言甚嚣尘上。

2015年6月，汽车之家创立十周年。当月12日，李想宣布辞职，仅保留董事、股东的身份。4天之后，他的新身份被曝光——蔚来汽车投资人。小米董事长兼CEO雷军、易车网董事长兼CEO李斌，以及腾讯、京东等公司也投资了这家电动汽车企业。显然，这位"80后"代表性人物没有功成身退，而是以退为进，勇立潮头。

蔚来汽车是一家于2014年年底成立的新能源汽车公司，注册地址在海外。2014年李想买了一辆特斯拉，红色Model S P85。他是国内第一批特斯拉车主，车钥匙还是从埃隆·马斯克手里接过来的。他非常看好电动汽车业的发展。

不过，关于互联网造车，李想理性地觉得这并不是一件简单的事情。汽车代工比手机代工复杂得多，"汽车的设计、生产、采购和物流还是要交给更专业的公司去做。互联网公司做智能硬件，除了小米，其他没有成功的"。此前，他强调："互联网企业对于汽车生产和制造应该怀有敬畏。C2B在执行层面会受到交易成本、柔性生产成本、个性需求支付能力及消费者成熟度等因素影响，最终的落地情况仍然存有很大悬疑。"[①]

现在，蔚来汽车的供应链、研发、渠道、管理等关键环节仍是绕不过去的难题。然而，时机和热点对于重视结果的李想来说是必须要抓住的。未来，互联网造车可能"采用直销，比如更多用户可能未来是租赁而不是

---

① 《互联网世界的造车狂人 "游侠"创始人的汽车之路》，孙铭洲，《第一财经日报》，2015年8月3日。

购买车辆。因为'90后'的想法不一样，这可能是企业非常好的一个机会"①。

2013年是李想拿到驾照的第十个年头，他认真总结过十年来买过、用过的车，从最初的POLO到当时的座驾宝马，再加上后来的特斯拉，他至少拥有过14辆车。这个喜欢回忆的人在2015年6月8日写道："我第一次创业的时候，市场的竞争允许我犯任何错误都能很好地活下去，只要我们自己愿意往前走。今天的创业环境，时机、团队、管理、资本等，任何一个没有做好，胜负可能就分出来了，给创业者学习的空间越来越短了。"②

客观来说，虽然有亿万身家，李想15年的创业之路仍然输多胜少，即便他始终强调"我最在乎的就是输赢"。但对于创业者而言，不服输就是赢。

未来属于新一代。未来属于每一代。

---

① 《蔚来汽车，李想在汽车之家的另一种姿势》，呆伯特，搜狐网，2015年6月18日。
② 《创始人李想离任汽车之家总裁，理想终究回归现实》，宋长乐，钛媒体，2015年6月13日。

姚劲波：重新出发

"58同城"开始广为人知是在2011年，忽然有一天，当红女星杨幂在公交、地铁中播放的广告片里大声说道"这是一个神奇的网站"。广告每隔3分钟循环播放一次，嘈杂的车厢变得安静，乘客的脸上露出复杂的笑容，不知道58同城究竟是要做什么。

姚劲波本人是个神奇的企业家：柳传志、马云赞扬他的商业才华，说他天生就是企业家；他先后三次创业，两次成功登陆美国纽约证券交易所；他敢为人先，执着坚忍，在变幻莫测的行业乱局中脱颖而出；他有情怀、有格局，未达目的绝不放弃，总能实现最初的愿望。

即便58同城上市，并购赶集网、中华英才网，人们仍然难以猜测姚劲波下一步要干什么，而且永远不知道他将去往何方。他的人生无法复制。

1999年，姚劲波大学毕业，获得计算机应用及化学双学位，被分配到中国银行山东分行技术部门担任网络安全维护员。彼时互联网热潮悄然兴起，雅虎、eBay 等不断创造新的神话。姚劲波觉得"单纯做技术与志向不符", 于 2000 年年初辞职创业。

在软件与互联网之间, 姚劲波选择了后者。他很喜欢收集域名, 创办了以域名注册交易为主的易域网, 这是中国最早的域名交易网站。一年之后, 由于缺乏经验, 姚劲波既没挣到钱, 也没办法将公司再发展壮大; 而易域网已经成为"交易公司", 离真正的互联网越来越远。2000 年 9 月, 当时企业信息服务领域的龙头万网将易域网收购, 姚劲波得到几十万元现金和万网的股份, 算是挖到人生"第一桶金"。

2001 年 9 月, 姚劲波和同事金鑫、李如彬共同创办网上家教中介平台学大教育。为了盈利, 学大将线上教育方案改为线下中小学课外教育, 专

姚劲波

注 K12（指从幼儿园到 12 年级，即学前教育到高中教育）领域一对一个性化辅导。事实上，姚劲波从一开始就没有真正介入学大的经营管理，而是主要担当"股东 + 顾问"的角色。尤其当学大转型线下教育之后，姚劲波基本淡出。

2010 年 11 月 2 日，学大教育登陆纽约证券交易所。第二天一觉醒来，姚劲波翻看股价，发现其手握的 10% 左右的股份，市值已经达到上亿美元。不过，这种一夜暴富的快感转瞬即逝。回到北京之后，姚劲波仍然照常工作、加班。2005 年 12 月，姚劲波另起炉灶，创办 58 同城。

58 同城的商业创意和商业模式源于美国网站 Craigslist.org，这是一个由前 IBM 软件工程师克雷格·纽马克在 1995 年创立的分类信息服务平台，姚劲波"直觉上感觉这个方向可以"。早年间，他来北京第一次租房时，中介蛮横地"侵吞"了他 1300 元的中介费。他回忆说："我当时想为什么没有一个平台把各种本地化的信息聚集到互联网上，让自己的生活通过分享变得更美好。"[①]

姚劲波将网站取名为 58，谐音"我发"。他发现个人用户付费的模式根本不适合中国市场，于是他将线上资源引入线下，投资创办 DM（直投）杂志《生活圈》，谁料一年之后未获成果。同期许多人都在模仿这套模式，要速战速决不容易，这是一场持久战。姚劲波醒悟到这一点时已是 2008 年，从软银赛富拿到的第一笔 500 万美元的融资已经"烧光"，投资人又追加了 4000 万美元。

---

① 《58 同城总裁兼 CEO 姚劲波：创业要以 10 年为单位来坚持》，崔江，艾晓禹，《华西都市报》，2015 年 5 月 11 日。

2009 年，58 同城的业务从单纯的 C2C 调整为 C2C 和 B2C 并存，成为搬家公司、房产经纪人等本地生活服务业者的信息发布平台。依赖 C2C 获得信息和广告，依赖 B2C 获得企业用户的付费，姚劲波终于探索出一套商业模式，逐渐建立起一支 3780 人的线下销售团队和超过 400 人的客服团队，通过拜访和电话把 400 万家小微公司拉入互联网，其中有近 30 万家向 58 同城付费。这一过程被他称为"干脏活、苦活"，他说："脏活、苦活就是壁垒。"

在分类信息网站大混战时，58 同城有成百上千个对手，但真正有实力与之抗衡的只有两三家，赶集网就是其中之一。赶集网创办于 2005 年，2007 年下半年流量猛升至行业第一。姚劲波不管搜哪个城市的搬家、租房信息，打开的第一条链接都是赶集网的。原来对方找来号称圈内"流量高手"的陈小华运作，到年底，流量从 8 万涨到 40 万，把 58 同城甩在后面。姚劲波坐不住了，亲自到赶集网楼下给陈小华打电话："你不下来见我，我就上去见你。"以这种"死缠烂打"的方式，姚劲波说服陈小华加入 58 同城。仅仅一年时间，58 同城的流量就从 20 万突破至 100 万。到 2010 年年底，58 同城的流量突破六七千万，几乎是第二名的两倍。同年，58 同城的营业额达到 1070 万美元。在连续"烧钱" 5 年之后，姚劲波终于把账做平了。

赶集网的创始人杨浩涌不愿意坐以待毙。2011 年，今日资本联合赶集网试图改写行业格局，挑起线下广告战。春节期间，所有热门电视节目及公交、地铁上都在播放赶集网的广告，"赶集网，啥都有"。赶集网赌 58 同城不敢跟进。在线上搏杀中，58 同城已经在导航、SEO（搜索引擎优化）、SEM（搜索引擎营销）方面断了赶集网的赶超机会，杨浩涌迫切需要突围。

令杨浩涌没想到的是，姚劲波大胆跟进，投资方也表示鼓励："对手要是投 1 个亿，我们就投 2 个亿。"姚劲波每天都在想如何打败对手，不敢有一丝懈怠，"我们内部有一个不成文的考核规定，不管 KPI 是什么，一旦你被竞争对手超过，那你就是不合格的，就会被拿下"[①]。就这样，58 同城以 6900 万美元的大手笔广告费让赶集网无力应对。

2012 年上半年，鉴于团购市场陷入"自杀式烧钱"的混乱局面，58 同城开始收缩团购业务，专注于打造信息发布平台，主要依靠广告和会员收入，成为更多中小商户进入互联网的入口。当年 58 同城的市场份额为 38.1%，高居榜首。2013 年上半年，58 同城的营业额达到 5880 万美元，净利润 30 万美元，终于扭亏为盈。

此时，上市的脚步越来越近。早在 2011 年，58 同城就曾启动上市计划，遗憾的是当时中国概念股集体陷入低迷，上市计划随之搁浅。2013 年 10 月 31 日，58 同城在纽约证券交易所上市，按发行价 17 美元计算，市值约 13 亿美元；以当天收盘价计算，第一大股东姚劲波的身家约为 4.44 亿美元。

2014 年三四月，姚劲波通过投资人接近杨浩涌，表达并购意愿。此后反复商谈达一年，双方一边谈合作，一边在市场上厮杀。直到 2015 年 4 月，双方经过长达 20 个小时的车轮战，终于在 4 月 14 日上午 10 点达成协议。春风得意的姚劲波觉得这是 58 同城历史上最好的时期，前景明朗，他开始不再担心腹背受敌，一门心思投入 O2O 革命。

早在 2014 年 11 月 20 日，58 同城就已正式宣布进军家政 O2O 领域，

---

① 《姚劲波：没有什么可以阻止我》，王燕青，《南方人物周刊》，2014 年第 16 期。

推出"58 到家"品牌。传统企业向互联网转型是一个正向的过程,而从互联网回到传统则是逆向反转,很多人因此看不懂姚劲波的商业思维。姚劲波充满信心,豪言至少投入 1 亿美元拓展 58 到家业务,并且"没有上限"。他预测 10 年后,80% 的生活服务品牌都会消失,创业者在很多领域都有机会代替或干掉 58 同城;如果 58 同城只维持当下的模式,危机必然降临。只有一方面在传统优势品类如房产、租车、招聘等领域做得更加扎实,另一方面借助 58 到家平台,布局包括保洁、美甲、搬家等上门服务,才有可能抢占优势。

58 同城与赶集网合并后,整合 O2O 领域的各细分市场是姚劲波的下一步棋。事实上,自 2013 年上市以来,58 同城或投资或并购或战略联合了 e 代驾、驾校一点通、273 二手车交易网、宝驾租车、安居客、美到家、乐家月嫂、点到按摩、呱呱洗车、魅力 91、土巴兔、陌陌等公司。2015 年 5 月 8 日,58 同城宣布并购三大招聘网站之一的中华英才网。就在同一天下午,姚劲波宣布正式进军金融市场,推出理财品牌"58 钱柜",正式落地金融战略。

许多年前,姚劲波曾满怀深情地说:"我希望可以改变每个人的生活,使普通老百姓的生活更加便利。我希望做一件可以影响每个人的事,对每一个人都有帮助的事。"[①] 他的这份初心始终未变,"我并不是在说冠冕堂皇的话,现在最开心的事情,真的就是有用户喜欢 58 的服务,股价涨跌对我影响非常小,我们发自内心是想做另外一个有好评的产品"[②]。

---

① 《姚劲波:做件影响每个人的事》,《中国民航报》,2013 年 11 月 6 日。
② 《专访姚劲波:58 同城要打造下一个上市公司》,范晓东,腾讯科技,2015 年 1 月 1 日。

【时代人物】杨利伟："中华飞天第一人"

2003年10月15日北京时间9时整，酒泉火箭发射场，随着火箭发射指挥员一声洪亮的"点火"，新型长征二号F捆绑式火箭尾部喷着火焰离地而起，如一支神箭向着苍茫的太空射去。火箭上搭载着神舟五号载人飞船，飞船上有唯一的航天员杨利伟。升空几分钟后，飞船成功进入预定轨道。这一刻，世界为之瞩目。

杨利伟在太空飞行14圈，历时21小时23分钟，完成中国首次载人航天飞行，实现了中华民族的千年飞天梦想，中国成为继苏联、美国之后第三个独立开展载人航天活动的国家。

飞天以后，杨利伟历任中国航天员科研训练中心副主任、载人航天工程航天员系统副总指挥、中国载人航天工程办公室主任。他开始作为人梯培养更优秀的航天员。茫茫太空，留下了中国人越来越多的脚印。

中国航天员的选拔要"过五关、斩六将"。在极其严苛的层层选拔中，杨利伟是最后的胜利者。

1996 年初夏，杨利伟心怀航天梦，赴青岛疗养院参加航天员初选体检。那时他身高 1.68 米、体重 65 公斤，是空军部队优秀的歼击机飞行员之一。虽是初检，但也非常严格，要对人体几十个大大小小的器官做逐一检查，杨利伟顺利通过。

接下来要去北京空军总医院参加临床体检。杨利伟在家左等右等，实在等不及了，提前 3 天就去了北京空军总医院。护士见他来以为他看错了日子，知道他是因为等不及而来后和他开玩笑："你也太积极了吧！"这一次体检，他也顺利通过。

下一关，是到北京航天医学工程研究所参加"特检"，也就是航天生理功能检查。这项检查更是苛刻，要在时速 100 千米的离心机中飞速旋转，测试受试者胸背向、头盆向的各种超重耐力；在低压试验舱模拟 5000 米、10000 米高空，测试受试者的耐低氧能力；还要在旋转座椅和秋千上检查受试者前庭功能；进行下体负压等各种耐力测试。每一次测试，都在检测受试者的身体能承受的极限。

几个月下来，886 名初选入围者只剩下了 20 人。最后一项检查是"万米缺氧低压检查"：先在舱外吸氧排氮，然后坐到舱内模拟的万米高空低压环境中。当他检查完毕，从模拟的万米高度下降，很轻松地从舱里出来后，医生却紧张了，连声问他"是不是在上面很难受啊？怎么看你摸来摸去的？"他却笑说心里想的是总算都通过了，下意识地摸了摸头。他这一说，把医生也逗笑了。

检查结果公布，杨利伟的临床体检和航天生理功能各项检查的指标都达到优秀，评选委员会全体专家都给予了他很高的评价。

1998 年 1 月，作为中国首批航天员之一，杨利伟来到北京航天员训练中心，接受超乎常人耐受力的高强度训练。

"离心机"训练是每一次的必修课，训练频繁。杨利伟要在高速旋转中练习鼓腹呼吸等一系列抗负荷动作，还要回应训练员随时发出的指令，判读信号，然后给予快速反应。训练中人难免因头脑缺血而眩晕，像被压了块几百斤重的巨石，心跳加速，呼吸困难。每次训练过后，杨利伟都大汗淋漓，筋疲力尽。凭着坚定的信念，杨利伟经过百般磨砺，终于战胜自我，顺利走向太空之门。

杨利伟

"神五"飞天的 2003 年是航天史上多灾多难的一年。这一年，美国哥伦比亚号航天飞机在返航途中不幸解体坠毁，7 名航天员全部遇难；俄罗斯联盟飞船返回时偏离落点 400 余千米，造成 1 名航天员骨折；巴西运载火箭在发射场突然爆炸，现场 21 人丧生。

在严峻的现实面前，为稳定思想，组织上和杨利伟座谈。杨利伟说自己决不退缩，没有任何恐惧。飞天后回归地面，一位记者问他：你知道今年国际航天界的灾难性事件吗？飞天前，真的没有担心吗？他坦然一笑说：知道，早就在电视上看到了；每一次飞天都是冒险，冒险就可能有牺牲；无论在怎样的境地里，都要保持镇静的心态，这是航天员需要具备的基本素质。

2003 年 10 月 15 日，"神五"发射。当天早上，杨利伟提前 15 分钟到达发射架平台，绝大部分人都撤离了现场。重达 480 吨的火箭载有 430 吨燃料，一旦出现意外，后果将是灾难性的。

在发射指挥员一声"点火"的命令之下，火箭离地飞升。然而在火箭上升的过程中，箭体产生了可以使人体内脏共振的急速振动，而这种情况没有预案，在前期的无数次实验中并没有出现过。杨利伟感觉五脏六腑受到猛烈的撕扯和揉压，自以为快要牺牲了，但他没有放弃，而是忍着剧痛，保持镇定。

地面指挥中心更是紧张，工作人员们的心都提到了嗓子眼，所有人都以为出现了最坏的结果。共振持续了 26 秒。这 26 秒里，是扣人心弦的沉默。终于，飞船冲出大气层，整流罩打开，阳光照射进来，杨利伟眨了一下眼睛。地面指挥大厅里有人激动地喊道："快看，他还活着！他眨眼了！"

按照预定的太空飞行计划，杨利伟有 21 小时的飞行任务，其中可以休息 5 小时，但他只睡了半个小时。他觉得太空飞行的机会太难得了，他要尽可能记录下宝贵的画面，为以后的航天活动提供更为详细的资料。

在太空的 21 小时中，每个小时内只有 20 分钟左右的时间，飞船能够和地面进行画面传输。每到这一时间，杨利伟都把自己固定在摄像机前的座椅上，以免自己漂浮起来，地面指挥中心捕捉不到他的身影。特别是现场直播时，他更不能出现差错，无数目光正在关注着他。

每次画面传输完毕，杨利伟就会松一口气，尝试所有可能做的动作，尽可能采用高难度姿势，体会在太空失重的感觉，然后一一记录下来。动作幅度越大，太空失重的折磨就会越强烈，使人产生头晕、头痛，甚至恶心、无力的感觉，或者产生错觉，让人难以忍受。

后来杨利伟对采访的记者说，自己当时是"痛并高兴着"。从飞船上往下看去，地球是一个晶莹的球体，镶嵌在黑色的"底幕"上，蓝色和白色的纹痕纵横交错，蓝色的是海洋，白色的是云彩。飞船以每 90 分钟绕地球一圈高速飞行，地球一会儿晶莹可见，一会儿又是漆黑一片。黑白交替之间，地球边缘仿佛镶了一道漂亮的金边，景色非常壮观。

杨利伟忍着痛用摄像机一一拍摄下来，心里很是激动，一种从未有过的强烈的自豪感油然而生，他为中国骄傲，为自己是中国人骄傲。在飞行手册上，他郑重地写下：为了人类的和平与进步，中国人来到太空了！

飞船绕着地球飞到第 7 圈时，杨利伟与地面连线，拿出早已准备好的中国国旗和联合国旗，对着镜头挥舞。

在杨利伟后来赴美国参加航天界的会议时，曾和阿姆斯特朗一同登月的美国宇航员巴兹·奥尔德林专门来到杨利伟住的酒店拜访。80 多岁的老先生激动地对他说："没有中国人的太空是不完美的。祝贺你！祝贺中国！"

2018 年 3 月 10 日下午，全国政协十三届一次会议第三次全体会议在人民大会堂举行。杨利伟作为委员，作了题为"实现梦想要靠不怕牺牲的奋斗"的大会发言。他的声音铿锵有力，落地有声。发言完毕，会堂内掌声雷动。

杨利伟在中国航天史上竖起了一个里程碑。继他搭载神舟五号飞天之后，神舟飞船多次完成载人飞行。2008 年 9 月 25 日，神舟七号载人航天飞船载着翟志刚、刘伯明、景海鹏顺利升空。27 日翟志刚顺利出舱，首次在茫茫太空中"亮相"。2012 年 6 月 18 日，载着景海鹏、刘旺、刘洋三名航天员的神舟九号飞船与天宫一号目标飞行器实现自动交会对接，这是中国实施的首次载人空间交会对接，三名航天员第一次入住"天宫"。2016 年 10 月 17 日，神舟十一号飞船在轨飞行期间，与天宫二号空间实验室进行了一次自动交会对接，景海鹏、陈冬在天宫二号与神舟十一号组合体内开展了为期 30 天的驻留，创造了中国航天员太空驻留时间的新纪录，完成了一系列空间科学实验和技术试验。

下一步，中国的目标是建立自己的空间站。杨利伟表示，为了实现中华民族新时代的飞天梦想，要向空间站，向月球，向宇宙更高、更深、更远的地方不断起航！

第 八 章

新经济的颠覆者

进入 21 世纪的第二个十年，中国互联网行业发生了翻天覆地的变化，行业格局被洗牌，商业模式被颠覆。在经历"草莽生长""战国争雄"之后，互联网行业进入"三足鼎立"和"五虎并起"阶段，"幸存者"要么站队投靠，要么入伙并购，要么被淘汰消亡，再无第四条道路。然而，互联网瞬息万变，日新月异，一切犹未可知，英雄谁属，仍无法预料。

雷军重新出山，以创业者的姿态带领小米"站在风口上"顺势而为。程维带领滴滴从"血海狼窝"中杀出一条血路，不仅改变了人们的出行方式，也重定了行业规则。王兴在连环创业的过程中找到团购这个突破口，带领美团突出重围，不断跨界整合生活方式的相关资源。张小龙携微信横空出世，帮助腾讯拿到移动互联网时代至关重要的一张船票，把整个互联网江湖搅得风生水起。

这是巨头的时代，也是新经济后起之秀的时代，是每一位企业家、创业者的大时代。

雷军："站在风口上"顺势而为

在中国互联网行业，雷军从来不是一个引领风气的开创者，也没有创造一夜成功的传奇，他总是小步快跑，顺势而为。

当马云、马化腾、李彦宏等同时代企业家在互联网浪潮中闪耀时，雷军却与微软、瑞星、卡巴斯基在软件市场缠斗，在金山这块盐碱地种草16年。功成身退之后，雷军以天使投资人的身份在新战场继续证明自己，但仍然不甘心，于40岁重新出山，创办小米。经过他8年的艰苦奋斗，小米终于上市，市值创下有史以来科技互联网公司IPO的全球第三大规模。从离开金山到创立小米，从程序员、职业经理人、企业家、投资人到创业家，从少年得志到大器晚成，雷军始终在进化中成长，在跟随中超越。

雷军不是未卜先知的天才，却是擅长布局的高手，他顺势而为，棋行无悔。

要顺势而为，不要逆势而动

从小到大，雷军一直是同学、老师和家长公认的乖孩子、好学生，用他自己的话说，属于"根正苗红，生在红旗下，长在红旗下"。

雷军小学时各门功课都名列前茅，学校每年给他戴"三好学生"的大红花。后来他进入湖北仙桃当地最好的沔阳中学（现仙桃中学）。他喜欢下围棋，热爱古诗词。1987年，他考入武汉大学计算机系，由此与IT和互联网结缘。尤其是大学时读到讲述史蒂夫·乔布斯、比尔·盖茨等企业家激情创业的《硅谷之火》以后，他就拥有了一个与众不同的世界级梦想——创办一家世界一流的企业。

大四那年，雷军与王全国、李儒雄一起在武汉广埠屯电子一条街创办三色公司，主要业务是仿制汉卡，但公司没坚持多久就倒闭了。1992年，雷军出任金山公司北京开发部经理；1998年升任总经理；2000年公司股份制改组后出任总裁，可谓"少年得志"。

金山成功地将雷军塑造成一名优秀的企业管理者，可是2007年金山在香港联合交易所成功上市不久，雷军却选择了离开，这是他对16年金山岁月做了深刻反思之后的抉择。"金山就像是在盐碱地里种草。为什么不在台风口放风筝呢？站在台风口，猪都能飞上天。"他调侃说："改革开放这么多年，有无数次这样的机会，比如90年代去深圳炒股票，去海南岛炒地皮，可惜我一个都没有捞着。"

离开是新的启程。金山上市给雷军带来了巨量资金，加上2004年卓越网作价7500万美元出售给亚马逊所获的回报，雷军开始以天使投资人的身份活跃在IT行业，三年时间一口气投资了拉卡拉、凡客、乐淘、UC、多玩网、可牛等十几家公司，涵盖移动互联网、电子商务和社交三大领域。当时有人估值"雷军系"资产约150亿到200亿美元，将成为继腾讯、百度、阿里巴巴系之后的第四股力量。

2009 年，雷军看准移动互联网的巨大机会，希望借助一款硬件将他所投资的软件、服务全部搭载，打造"硬件＋软件＋互联网服务"的生态系统，通过协同效应成倍释放这些公司的价值。乔布斯和苹果手机的巨大成功让雷军不再迟疑，他已找准方向。2009 年 12 月 16 日，雷军 40 岁生日这天，他对前来庆祝的朋友们说："要顺势而为，不要逆势而动。"这个"势"即移动互联网，而智能手机是撬动时代机会的最佳支点。

雷军要以创业者的身份，开启人生的下半场。

小米大棋局

2010 年 4 月，小米科技诞生，雷军确定"铁人三项"的小米模式，即硬件、互联网服务和新零售，以"流量分发，服务增值"来实现盈利。在这一战略中，MIUI 系统和米聊软件是雷军最为倚重的"秘密武器"。2010 年 12 月 10 日，小米开发的米聊上线，到 2012 年 8 月 8 日晚上 10 点，米聊同时在线用户数量突破 100 万，累计用户超过 1700 万。然而微信的横空出世对米聊形成巨大冲击，其用户数迅速突破 2 亿，超过米聊 10 倍。

雷军被迫调整战略，学习苹果走单品扩张之路，一年之内陆续发布电视盒子、路由器、智能电视、平板电脑。2013 年 7 月 31 日，红米手机发布，雷军不惜食言"不考虑中低端配置"。与此同时，小米进军香港、台湾地区市场，在新加坡、马来西亚、印度尼西亚、泰国等以华人为主的国家全面铺开。

多元化扩张并不顺利,海外布局举步维艰,雷军意识到小米的实力不足,无法同时在多个战场快速获取胜利。他发挥投资人的优势,通过投资入股打造"生态链"。2014 年 11 月,雷军宣布未来 5 年投资 100 家智能硬件公司。2014 年 12 月,小米以不超过 12.66 亿元入股中国市值最大的家电企业美的集团,占其 1.288% 股份,尝试与家电巨头合作进入智能家居领域。

2014 年 12 月 3 日,金山、小米联合向世纪互联注资近 2.3 亿美元,这意味着小米开始战略布局云服务和大数据领域。小米通过"生态链"连接智能设备,接入点越多,"护城河"就越稳固,平台价值就越高。大量终端数据汇聚小米,使其最终建成一个数据采集服务中心。小米将转型为一家数据公司。

雷军

几天之后,《福布斯》杂志将雷军评选为"2014 年亚洲商业人物",以表彰他在推动智能机成为行业主导平台的过程中所发挥的作用。这一年,小米估值 450 亿美元,成为全球估值最高的未上市科技公司。2014 年小米营业收入 743 亿元,增长 135%;手机出货量为 6112 万台,增长 227%。雷军表示:2015 年小米的目标是手机出货量达到 8000 万到 1 亿台,营业收入预计在 1000 亿到 1200 亿元。这是小米的狂欢盛宴,也是雷军的巅峰时刻。

作为一家现象级公司,小米的创新意义并不是"铁人三项""参与感"或"风口论",而是雷军的战略创新。尤其是 2015 年以后,小米的"生态链""云服务"战略是连乔布斯都未曾走过的路,其中的凶险、坎坷不言而喻。

这是小米成为世界一流公司的开始,当然,它也有可能走向衰败、没落。繁荣背后总是潜藏着危机,小米雪崩式的溃败在意料不到的时刻骤然降临。

逆境与巅峰

2015 年的小米犹如失去罗盘的航船,雷军的豪言壮语在坚持中变成了笑话。

市场研究机构 IDC 数据显示,2015 年小米智能机出货量 6490 万台,市场占有率 15.0%,位居第一,但是离 1 亿台的目标相去甚远。2016 年第一季度到第四季度,小米智能手机的出货量同比分别下跌 32%、38.4%、42.3%、40.5%,全年出货量 4150 万台,同比下降 36%,市场份额从

15.0% 下降到 8.9%，跌落到第五位。^① 小米危险，雷军迷茫。

小米深处内忧外患之中，主要存在三个方面的问题。第一，线下实体店很弱，四线城市和县城、乡镇的消费者根本不知道小米。第二，小米的商业模式和其高性价比、"粉丝经济"的营销策略被广泛借鉴，竞争对手用小米模式与小米贴身肉搏。第三，手机行业的比拼已经从软件服务转向核心技术，尤其是自主研发芯片的能力，市场对精细化管理和供应链整合提出更高要求，小米明显处于劣势。

雷军开始慢下来复盘高速增长模式的得失成败，提出"补课、降速、调整"战略，堪称小米内部"二次创业"。首先，加速线下店的布局。2017 年 4 月，雷军曾表示将用 3 年时间开设 1000 家"小米之家"。截至 2018 年 11 月 1 日，"小米之家"达到 515 家，小米授权体验店 1183 家，直供专营店 36256 家。其次，摆脱中低端的品牌形象。除红米继续占领低端市场之外，小米将通过旗舰系列、Note 系列和 MIX 系列渗透中高端市场。最后，加大科技创新投入。2017 年 2 月，小米发布手机芯片，成为继苹果、三星、华为之后全球第四家拥有自研芯片能力的手机公司。

作为掌舵者，雷军在 2017 年年初已经找到带领小米走出泥潭、再攀高峰的道路。此时，小米不再只是一家手机公司，而是围绕智能硬件生态链布局的控股集团。截至 2017 年 6 月 30 日，小米生态链已经有 89 家企业，年收入突破 150 亿元。2018 年，小米对外宣称生态链企业已超 100 家。随着小米智能生态链的不断扩大，小米手机对小米的影响力和贡献度会逐渐

---

① 《独家专访小米 CEO 雷军：排名不是我最关心的事》，陈潇潇，《商业周刊》，2017 年第 9 期。

减少，这才是雷军心中想做成的小米。

2018 年 7 月 9 日上午 9 点 30 分，经过 8 年奋斗，小米终于迎来巅峰时刻——在香港证券交易所正式挂牌交易，估值达 543 亿美元，跻身有史以来全球科技互联网公司 IPO 规模的前三位。10 月 25 日上午，雷军在微博发布消息称手机出货量跨过 1 亿台门槛，提前完成全年目标。11 月 11 日，小米"双十一"新零售全渠道支付金额达到 52.51 亿元，参与人数达 4419 万人，并斩获全平台 128 项冠军，实现天猫六连冠。

接踵而来的喜讯让小米的 2018 年精彩纷呈。2019 年，雷军进入五十岁的天命之年；2020 年，小米将迎来创业十周年。每十年如一道坎，跨越的过程精彩无限。雷军生于改革开放开始前十年，在金山时期度过改革开放的第二、第三个十年，又在改革开放第四个十年创办小米，他早已习惯站在波涛汹涌的商海中紧握轮盘，乘风破浪，扬帆远航。

程维：战争与和平

在中国互联网史上，再没有哪个行业的竞争比打车领域更惨烈、残酷，这是一场永无宁日的持久战。"我们是在血海狼窝里出生的，没有哪个行业比滴滴身处的行业更要求速度，"滴滴创始人程维说，"滴滴就是一辆250迈高速行驶的汽车，在路况异常复杂的路上，还有人来撞你。任何一个细节操作的失误，任何一个弯道甚至一块石头，都很可能让我们前功尽弃。"①

这位1983年出生的创业者以80万元起家，创业4年，滴滴估值338亿美元，背后还有阿里巴巴、腾讯两大巨头作为靠山。打车出行、烧钱补贴、合并优步（Uber）及如何成为伟大的公司，所有热门话题都与程维紧紧捆绑在一起。他看起来春风得意，却始终忧心忡忡，"创业的人永远都处于强烈的危机感中"。

滴滴诞生源于程维的"切肤之痛"。有一次江西老家几位亲戚来北京，与程维约定晚上7点在王府井附近吃饭，亲戚5点30分告诉程维正在打车，

---

① 《程维战栗》，焦丽莎，邓攀，《中国企业家》，2015年第24期。

到了 8 点又打电话问能不能去接。程维感受到打车难与出行的不便，而移动互联网时代将有解决之道。他分析说："2010 年之前（打车应用）时机还未成熟，今天算是成熟了，标志是什么呢？就是千元智能手机的普及，中国整个 3G 网络环境门槛的下降，使得大量的蓝领入场。如今金字塔尖的一帮人和中间的白领的生活已经非常互联网化了，现在开始往下渗透，这是时代的大背景。"①

2012 年 6 月，程维结束"阿里 8 年"，拿着老同事王刚 70 万元的天使投资，自己掏了 10 万元，在中关村 e 世界一间不到 100 平方米的仓库里创办小桔科技，专注开发"嘀嘀打车"软件（滴滴前身）。

当时北京有 129 家出租车公司，程维见了 100 家，但是 40 天里没有一家公司肯签约。在他一筹莫展之际，北京昌平一家只有 70 辆出租车的公司答应与他合作。为了鼓励司机改变传统习惯，程维去出租车公司讲课，台下 100 多名司机中只有 20 多人有智能手机，其中 8 人表示愿意试一试。考虑到大部分人一时无法改变习惯，程维就寻找愿意接受新鲜事物的司机，让他们赚到钱后再影响别人。出租车司机常常清晨四点就上班，早晚高峰很忙，滴滴市场推广人员就凌晨去联系。由于开始时的订单量很少，司机们打开软件接不到活儿还浪费了流量，因此首批司机用户很难留存下来。

转机在 2012 年 11 月 3 日到来。那天北京下了入冬第一场雪，打车很难，滴滴一夜火爆。程维说："那是我们第一次单日叫车人数突破 1000，整个晚上我们开心死了。"漂亮的业绩引起了金沙江创投董事总经理朱啸虎的关注，与程维面谈半小时之后，朱啸虎就敲定了 200 万美元投资，滴滴的

①　《程维的战争》，陈润，《企业观察家》，2016 年第 11 期。

估值达到 1000 万美元。2013 年 4 月，经朱啸虎撮合，滴滴获得腾讯产业共赢基金 1500 万美元投资。

弹药充足，士气高涨，一场足以载入中国互联网史册的残酷的持久战即将打响。滴滴与快的贴身肉搏，腾讯与阿里巴巴疯狂投弹，整个打车领域都陷入了一场惊心动魄的"补贴大战"。

2014 年年初的一个晚上，程维面色凝重地打了十几个电话，他正面临创业以来最危险的时刻——公司账上没钱了。由于司机们突然集体提现，滴滴界面显示账户余额不足，一旦消息蔓延将引发恐慌，后果不堪设想。尽管程维深知融资已经成功，但由于外汇管制，融资款项当晚无法转入滴滴账户。他不得不向朋友、投资人借钱。好在当晚他借到 1000 多万元，保证了司机们顺利提现。他回忆道："这些钱都是 50 万、100 万地打进滴滴的账户。"几年过去，程维可以从容回望那个黑暗的濒死时刻。"这种难关太多了，过不去也就过不去了，"他感慨道，"在过去三年，稍不小心，滴滴就死掉了。"①

这一年，打车领域群雄逐鹿，滴滴、快的、易到、AA 租车、神州租车等公司跑马圈地。到 2014 年 9 月，中国打车 APP 累计账户规模达 1.54 亿，其中快的、滴滴分别以 54.4%、44.9% 的市场比例领跑，快的覆盖 358 个城市，滴滴覆盖 300 个城市，全球巨头优步高调宣布进军中国市场。

2015 年 1 月 21 号，程维、柳青、朱景士（滴滴战略部负责人）在深圳启动"情人节计划"——在 2 月 14 日之前完成与快的的合并。2 月 14 日，

① 《程维：滴滴将停止招聘，采取末位淘汰制》，杨安琪，《企业界》，2015 年第 11 期。

滴滴和快的宣布合并，程维在给员工的邮件中说："打则惊天动地，和则恩爱到底。"

联姻并不意味着绝对安全，程维反而深感危机巨大：合并后的冲突与动荡，优步的迅速扩张，拼车、巴士等垂直领域快速成长的压力纷至沓来。程维做了一个比喻："我以为滴滴和快的的竞争就是总决赛，合并后可以好好建设家园了，没想到只是亚洲小组赛。"①

这次程维将面对估值超过 500 亿美元的优步，其创始人兼 CEO 特拉维斯·卡拉尼克是一位以勇猛彪悍著称的斗士。"战争"在 2015 年 3 月打响，优步宣布降价 30%，上半年在中国"烧"掉近 15 亿美元，其订单量急剧飙升。特拉维斯·卡拉尼克有一半以上的时间都坐镇中国，其决心可见一斑。

程维回忆说："那时滴滴刚开始做专车，不管在资本、营销还是技术上，都没法跟全球级企业比。"他有些不知所措，向柳青的父亲柳传志及投资方马化腾、马云请教。柳传志建议必须发挥本土的优势，以游击战拖住对方。马云也提倡"拖字诀"："帝国主义都是纸老虎"，你拖它两年，它自己会出问题的。马化腾则豪言："正面拉开架势歼灭它！"

听完三位商界大佬的意见，程维反而迷茫了：时代不一样，打法也不一样了。他把这场"战争"看作一次大战，"闪电战"是这场战争中的主导思想，双方比拼的是高效组织资源、快速抢占市场的能力。程维迅速调集市场、业务、公关、人力资源和财务部门成立"狼图腾"项目组与优步火拼——要在融资、营销上全面超越对手，同时裂变出诸多事业部。

① 《程维战栗》，焦丽莎，邓攀，《中国企业家》，2015 年第 24 期。

2015 年 5 月，滴滴宣布投入 10 亿元启动优惠活动；6 月 1 日，滴滴顺风车上线；7 月 16 日，滴滴巴士上线；7 月 28 日，滴滴代驾上线。顺风车业务用 1 个月、代驾业务用 3 个月分别成为细分市场第一。程维深知快速扩张出行版图非常冒险，"按道理不可能七个葫芦娃全长起来了，我就等着哪个业务输掉死掉，赢不了就果断放弃"①。

这是一场耗资巨大的跨国战争，程维感觉寒冬将至，必须尽快拿到投资人的资金。7 月，阿里巴巴、腾讯、淡马锡、高都资本、平安创新投资基金等宣布向滴滴投资 20 亿美元。9 月 9 日，滴滴完成本轮总计 30 亿美元的融资。程维跳出中国，调转枪头，"直插优步的心脏地带"。

9 月，滴滴向美国打车软件 Lyft 投资 1 亿美元。王刚说："他们抓住了我们一绺头发，我们则揪住了他们的胡子，这种对抗方式的确不能杀死对方。每个人只是想赢得未来谈判的主动权。"在此之前，滴滴已投资东南亚打车软件 GrabTaxi、印度打车软件 Ola 和国内 O2O 平台饿了么，在全球范围内对优步展开围追堵截。

行业竞争上的磨砺让滴滴在 2015 年迅速成长为行业巨头——其估值达到 165 亿美元，员工超过 5000 人，注册用户突破 2.5 亿，高峰期日呼叫超过 1000 万次，覆盖 360 个城市，占中国出行市场 80% 的市场份额。程维有一个"3313 战略"规划：未来 3 年，每天服务 3000 万用户和 1000 万司机，3 分钟内车到面前。②不过，敌手优步仍然难缠。

激战一年之后，2016 年 8 月 1 日，滴滴宣布与优步全球达成战略协议：

①② 《程维战栗》，焦丽莎，邓攀，《中国企业家》，2015 年第 24 期。

滴滴收购优步中国的品牌、业务、数据等全部资产,并和优步全球相互持股,优步全球持有滴滴 5.89% 的股权,相当于 17.7% 的经济权益。

一个月之后,郭台铭旗下的鸿海精密以 1.199 亿美元换持滴滴 0.355% 的股权,以此推算,滴滴的估值达到 338 亿美元。毫无疑问,滴滴已成为中国最受期待的未上市公司之一。得知京东在首次公开募股之前融资规模是 50 亿美元左右,程维说:"我们基本追平了,但滴滴还没有 IPO,很有可能超纪录。"[1]

作为国内最年轻的独角兽公司 CEO,程维历经所有创业之痛,也收获了万千荣耀。但他始终自省要对资金、用户、政策有敬畏之心,始终充满创业之初的危机感。他比喻说:"创业就是晚上推开一扇房子的门,外面是夜路没有灯。只知道应该走出去,但是不知道路上会碰到什么。竞争的残酷远远比我想象的难千万倍。"[2]

滴滴看起来已具备成为伟大公司的气质、实力和机会,但程维面临的问题与几年前并无不同:活下去,不要死掉。

---

[1][2] 《程维战栗》,焦丽莎,邓攀,《中国企业家》,2015 年第 24 期。

张小龙：蜕变与逆袭

> 直到微信震惊世界，人们才开始关注并谈论张小龙，甚至认为他是国内最有可能成为乔布斯类型的人。
>
> 这个被产品经理和 IT 人士顶礼膜拜的男人皮肤黝黑，外表粗犷，却腼腆寡言，并不擅长人际交往，常需要借助技术和工具与人沟通，这也成为他先后开发出 Foxmail、QQ 邮箱、微信等具有时代意义的产品的原因。他崇尚极简、实用，认为复杂的东西太脆弱。但在性格的另一面，张小龙热爱 CS 游戏，喜欢枪械，崇尚自由。这种复杂的性格也给他增添了一些神秘感。

1994 年秋天，25 岁的张小龙从华中科技大学硕士毕业之后，放弃在国家电信机关的铁饭碗，毅然投身活力四射的互联网行业。

早期的互联网创业者大多选择某一个领域做一款产品，但很难有人能想象到，张小龙一个人就做出了 Foxmail 软件。短短 4 年间，Foxmail 的用户量就已达到 200 万，而同一时间腾讯只有 10 万用户。Foxmail 被誉为唯一能与微软 Outlook 对抗的邮件软件。

就在大多互联网创业者都在苦思冥想商业模式之际，张小龙陶醉于 Foxmail 百万用户带来的成就感之中，丝毫未关注技术与商业、财富之间的关系。1998 年 9 月，刚刚出任金山总经理的雷军联系张小龙，希望购买 Foxmail。张小龙随意给出 15 万元的报价，雷军直接同意。但意外的是，负责接洽的人不了解 Foxmail 的价值，竟忽视了这件事情。2000 年，博大互联网公司开价 1200 万元收购 Foxmail，张小龙获得"第一桶金"，并由此进入博大公司。

2005 年，沉寂五年之久的张小龙再次出现在人们的视野中。已经走向没落的博大将他和 Foxmail 团队打包转让给腾讯，张小龙担任腾讯广州研发部总经理。面对 MSN 的强势竞争，马化腾希望找到办法打垮 Hotmail，但是 QQ 邮箱当时的用户体验不佳，需要专业人士管理，张小龙及 Foxmail 团队因此被选中。在国内邮箱领域，张小龙的造诣无人能出其右，仅三年时间，QQ 邮箱就发生了巨大变化，成为腾讯旗下口碑极好的一款产品。

令马化腾更感到意外的是，2010 年年底，一向沉默寡言的张小龙给马化腾发了一封邮件，建议腾讯做移动社交软件。在张小龙看来，移动 QQ 更多是基于客户端的移植，在大洋彼岸的美国，功能简捷的手机应用 Kik Messenger 正大行其道，而且，已经创办小米的雷军也成功推出了米聊。这些新社交软件的兴起对于移动 QQ 来说是极大的挑战。马化腾很快回复邮件，赞同张小龙的想法，并且让他作为负责人带领腾讯广州研发部开启这个项目。

实际上，当时腾讯内部有三组团队都在做微信，另外两支是无线事业部的手机 QQ 团队和 Q 信团队。腾讯有一个传统，就是鼓励内部竞争。在人脉、资源、经验等方面，张小龙团队都并无优势，却敢于挑战电信部门权威，打破禁锢，以自由主义者的热情快速前进。这正是他后来脱颖而出的关键原因。

2011 年年初，微信 iOS 版上线，但用户增长并不理想，整个研发团队都开始怀疑："我们做这么多都是没有意义的，因为我们做的所有事情手机 QQ 都可以做，而且手机 QQ 有更强的渠道、更多的用户覆盖量，而我们是没有渠道的。我们没有任何优势……我们做微信没有前途……"① 只有张小龙坚信一定能成功。

直到有一天，张小龙突然意识到，也许当下的微信过于功利主义和现实主义，增加一些文艺或者人性的元素也许会更好。从那时开始，张小龙放松理性思维，开始在微信里增加一些更贴近人性的功能，如查找附近的人、朋友圈、摇一摇……

张小龙曾经说过一个小故事："在一次聚会上，我跟几个女孩子说装一个微信吧，她们问为什么。我说可以免费发短信、发图片，还可以直接语音，这几个女孩没有一个有兴趣。然后我给她们演示了一下查找附近的人，说你看附近有很多美女，我可以跟她们直接打招呼，这些女孩立马两眼放光，让我帮她们装。"②

这就是研发思维的转变，贴近人性的功能比一个单纯强大的功能有用得多。这让张小龙彻底转变了对产品的看法，他开始把产品做得更人性化。2012 年，张小龙提出一个新观点：微信是一种生活方式。在一次腾讯内部访问中，张小龙坦明心迹："IT 一直都不是由极客来推动的，而是由产品、

---

① 《微信怎样诞生：张小龙给马化腾的一封邮件》，王冠雄，网易科技，2014 年 2 月 28 日。

② 《战略单品：打造单品，抢占心智，持续赢利》，鞠凌云，北京：电子工业出版社，2015 年 2 月版。

公司在推动。唯一的转变在于，现在比过去的分工更加严密了一些。我当时一个人写 Foxmail，我做所有的事情，那时不存在这种分工。但现在不一样了，在成熟的领域里面，多数时候个人很难去跟一个大的机构抗衡。"

过去的张小龙是一个执着、充满激情的极客，做自己想做的事情。而如今的张小龙是一个成熟的产品经理，为用户考虑，帮助他们去完成他们想做的事情。

微信的成功，让张小龙成为互联网产品界追捧的明星，无数产品经理将他说过的每一句话奉为圭臬。但一切还在继续。虽然微信已经拥有海量用户，但还没有到决出胜负的时刻。接下来，张小龙面临着商业化这个更大的挑战。

在做一件完美的产品和一件商品之间，张小龙必须做出选择。微信的商业化必然会伤害到其产品属性本身，这是无可避免的。其实张小龙并不排斥商业化，早在三年前，他就已思考如何通过支付让微信与商业完美融合。前微信支付总经理吴毅将张小龙比作追求完美的大片导演——他可以接受广告植入，但不能生硬粗暴。

2014 年，腾讯宣布腾讯微博只维持基本运营，不再做产品开发。作为腾讯曾经重要的社交产品，腾讯微博曾饱受关注，却无法解决盈利问题。市场无情，商战残忍，如今张小龙也面临着类似的无法逃避的问题，没有退路。

微信是腾讯的重要机会。连马化腾都承认，移动互联网时代的运行规则与 PC 互联网时代完全不同，如果没有微信，腾讯可能面临一场灾难。在移动互联网领域，目前微信还没有势均力敌的竞争对手，张小龙还有足够多的试错机会，电商、广告、游戏等都可以涉猎。显然，马化腾已经将微信商业化的重任全权交给张小龙。

未来几年，商业化将成为微信的主要战略。微信最早的商业化尝试是公众平台，寻求商机的创业者比张小龙、马化腾还要积极。微信公众平台上有无数公众账号，互动能力非比寻常。每个人都在猜测，微信公众账号是否会采取会员收费模式，张小龙的态度是：微信公众平台过热。在他看来，微信的商业化进程仍应谨慎。

张小龙并不赞成微信过快商业化，他认为应找到一个平衡点，尽量保持最舒适的用户体验。就目前来看，微信比较成功的盈利方式是游戏。除了社交之外，游戏向来是腾讯擅长的版块，丰富的运营经验和合作资源都将提供强大的支撑。微信可能会实行增值服务、电商、O2O"三步走"战略，目前还是第一步。

昔日的产品经理必须转型为商人走到台前，完成曾经内心抵触的艰难使命，张小龙难免纠结徘徊。身为高级副总裁，张小龙每周要去深圳参加例会。当他以"起不来"为借口拒绝时，马化腾就回应"以后让我的秘书叫你起来"；若他说"路上太堵，怕赶不上"，马化腾就按时派车来接，他实在无可推脱。毕竟商业转型关系到腾讯的成败。

早年间，张小龙曾告诉一位不太自信的求职者："我曾经十分不自信，但是在成长的过程中，过去的那些经历反而造就了我谦逊、冷静、不骄不躁的性格及做事风格。"他鼓励对方，现在处于劣势的性格就像压迫中的弹簧一样，会让你反跳得更高，从而成为优势。

商业化或许将成为张小龙的最大优势，这无疑也是马化腾最愿意看到的改变。

王兴：九败一胜的密码

> 王兴曾经说过，在传统行业，创业好比登山，在互联网行业，创业好比冲浪。山总在那里，你总有机会；但浪是不断变化的，错过了这波浪，可能就永远没机会了。
>
> 自从 2005 年第一次创业以来，王兴追赶一浪又一浪，每次都把握住互联网变革的机会，却似乎从未真正获得成功。媒体将他称为"最倒霉连环创业客"[①]。他崇尚技术，专注产品，对人脉、资源等不以为意。不过，他始终如一，直到创办美团，王兴的商业人生才逐渐变得丰满生动起来。
>
> 美团模仿美国的 Groupon 而生，对标的却是亚马逊。王兴希望做成千亿级企业，他还有很长的路要走。

王兴被称为"连环创业客"，用他自己的话说，在创业的道路上，他"历经磨难，九死一生"。一路狂奔，四处突围——这是媒体眼中王兴过去几年创办美团的真实状态。

生于 1979 年的王兴 18 岁被保送清华大学，毕业后拿到全额奖学金赴

---

① 《王兴："最倒霉连环创业客"落败史》，谢鹏，《南方周末》，2010 年 12 月 10 日。

美读博。他的创业精神继承自他的父亲——一位改革开放后在福建省创办水泥公司的企业家。

在创立美团之前，王兴已经在创业这条路上受挫多次。2005年秋天，王兴从美国回国，他从扎克伯格的Facebook得到启发，瞄准大学生群体做起了校内网。第二年，校内网就成为大型中文社交网站，还引来了许多国内模仿者。但随着用户越来越多，维持网站运营的费用越来越大，难以为继。

这时的王兴还不会与投资人打交道。由于项目融资失利，他被迫于2006年将校内网以200万美元的价格卖给陈一舟。后来陈一舟拿到软银的4.3亿美元融资，将网站更名为"人人网"，从校园中走出，成长为彼时中国最大的社交网络。对此，王兴非常无奈："当我们公司已经欠下相当于我个人100个月工资的时候，我们没有太多选择。"[①]

但王兴没有颓丧，他的新创业项目很快就登上中国互联网的版图——2007年5月，他用了不到半年的研发时间，就做出了被视作"中国版Twitter"的饭否，同年推出面向白领市场的海外网。两家网站均仿照当时国外刚刚兴起的Twitter。到2009年7月，饭否成为国内数一数二的微型博客——新浪微博在下一个月才诞生。

但命运又一次捉弄了王兴，饭否因涉敏感言论突然遭遇关停，与饭否同期创立的海外网也未能幸免。直到2010年11月，关停500多天的饭否才恢复运营，但已错过微博发展的窗口期，逐渐沦为小众产品。而受饭否服务器牵连的海内网则自此消失于互联网江湖。

---

① 《连环创业者王兴：只因对世界充满好奇》，何悦，《中华工商时报》，2011年3月11日。

　　无论是从成功走向成功，还是由失败铺垫成功，有一条真理颠扑不破：企业越大，创业者越难。有人硬扛死磕继续前进，有人干脆把企业卖掉变现，而王兴始终在创业、退出、再创业、再退出、又创业的循环中忙得"不亦乐乎"。美国学者将"连环创业客"的特点总结为：他们的创业热情经久不息，却缺乏足够的耐心，渴望马上看到成功；他们能专注于将某件产品或服务做到极致，却未必经得住新机遇的诱惑，浅尝辄止；他们是完美主义者，骨子里却流淌着偏执与独断的血液。[1]王兴无疑符合"连环创业客"的特质。

王兴

　　王兴推崇一本名为《异类》的书，书中提到：商业领袖是时代选出来的，创业则是时代赋予勇敢者的宿命。例如，盖茨和乔布斯都出生在1955

---

① 《连环创业客是怎么把脉市场需求的》，张小平，《IT时代周刊》，2011年第9期。

年，他们后来分别成为微软和苹果公司的创始人。王兴认为：有些事情一定会发生。[①]

2010 年，王兴仿照 Groupon 将团购这一模式带入国内后，一个月内就有 50 多家团购网站出现，拉手网、糯米网等多家团购甚至先于美团拿到融资。2010 年 6 月，拉手网上线仅 3 个月，即宣布完成累计金额达 500 万美元的 A 轮融资。

美团处于"群狼"的包围之中。王兴却很克制，没有跟进对手投入大笔资金于线下广告，对合作的商家不求数量而注重质量。这些商家给他的折扣大，一般都是 5 折或者更低。在竞争激烈的 2012 年，美团没有开拓新城市，这让它在 O2O 泡沫最为严重之时得以积蓄力量。2013 年，美团的交易额超过 160 亿元，较上年增长 188%；而匆忙启动上市的拉手网 IPO 失败，糯米网也被百度收购。

2015 年 10 月，美团网与大众点评网宣布合并，成立新美大集团，国内 O2O 市场的混战告一段落。美团在团购领域的市场占有率超过 80%，真正成为 O2O 领域的老大。此后，美团不断衍生出具有发展潜力的垂直业务，就像一棵大树，团购是主干，而其他业务是主干上的分支。2016 年 8 月，王兴在一次会议上透露，除外卖业务外，美团点评的其他业务在 7 月已经实现了整体盈利。

2017 年 2 月，美团上线打车业务。这又是一个异常拥挤的赛道，滴滴出行已占据了超过 80% 的市场份额，除此之外还有首汽、神州、易到等多

---

① 《王兴：平凡的"异类"》，李佳蔚，《中国周刊》，2010 年第 9 期。

个玩家。高德地图、携程也对此有所企图。美团打车在南京市场试水了近一年之后，准备在全国范围内大规模扩张。2018 年 4 月，美团以 27 亿美元收购了摩拜单车，进入出行领域。

美团扩大战线，多面出击，涉足十几个领域，且在每个领域均面临强悍的对手。在同行之间虎口夺食绝非易事，这使得它不得不一次又一次深陷"烧"钱的泥沼之中。好在每一次业务线扩张的背后，美团的资本版图都在持续扩大。

依靠美团的资本版图扩张，王兴终于为自己的创业史涂抹上最浓墨重彩的一笔。合并后的美团点评似乎一直在把自己推向战场。业内常常评价美团点评是"半个互联网圈的敌人"，但王兴在一次采访中努力表达美团点评其实是一家心态开放的公司，并非外界所误解的那样好战和善战。

美团多条业务线同时作战，而几乎每一项业务都面临强大的对手，这就需要持续不断地补贴以稳固市场；同时，它又在飞速成长中不断扩张边界，这导致它几乎无法在短期内实现盈利。过去几年，美团至少关闭了几十种线下尝试，包括美团早餐、排队机、Wi-Fi 等近十种业务。2016 年，美团还因用户对其黏度不如预期，宣布停止上门按摩、上门保养、上门保洁等点评到家的服务。

到 2017 年年底，美团点评发展成为估值 300 亿美元的一站式在线服务平台，年度交易用户数达到 3.1 亿，完成年度交易笔数超过 58 亿，年度交易金额约为 3570 亿元。与 2010 年美团创立时外卖市场规模只有 100 多亿元相比，实现了 30 倍的成长。

不过，2015 年至 2017 年的 3 年间，美团累计亏损了约 141 亿元（经调整亏损净额）。2017年美团的总收入达到339亿元，同比增长161.2%，平台总体毛利率为36%，但仍处于亏损状态。2017年，美团净亏损190亿元，经调整净亏损28亿元。得益于业务线的逐渐成熟，美团总体亏损正在逐年缩减。从2015年至2017年，美团经调整后的净亏损额分别为59亿元、54亿元及28亿元，三年内亏损减半。美团希望借助其他业务线的盈利，来弥补其在外卖及打车市场上的亏损。

衡量美团成功的主要指标是其长期创造的价值而非短期的盈利能力。"虽然我们还远远不是一个很有钱、很赚钱的公司，但是我们有足够的资金积累。"王兴在一次演讲中说。

王兴力图通过创新来快速提升盈利能力且效果明显。2018年3月26日，《人民日报》发表了《中国向全球注入新动力》的主题文章，以美团点评为例论述了创新战略在中国商业模式的创新和市场空间的开拓中发挥的重大作用。"万份订单，80%可以在20秒内完成接单，通过'小区守卫'小程序，外卖进出社区可实现身份核验和轨迹追踪……作为全世界最大的外卖平台，美团点评的工作场景正是人工智能与新兴业态结合的缩影。"文中还提到了王兴的话："很多突破性的技术，比如人工智能最初仅服务于少数人，但最终是普惠的，科技创新最终将服务于大众的高质量生活。"

几个月之后，美团点评启动赴港上市计划。2018年9月20日，美团点评在香港证券交易所正式上市，市值约510美元。上市后，王兴将借助资本的力量进一步拓展更多领地，以打造本地生活流量中心为战略布局，昂首前行。

【时代人物】屠呦呦：迟到的诺奖与永恒的精神

2015 年，诺贝尔生理学或医学奖授予中国女科学家屠呦呦，以表彰她发现了青蒿素——这种药物显著降低了疟疾患者的死亡率。她是第一位获得诺贝尔科学奖项的中国本土科学家、第一位获得诺贝尔生理学或医学奖的华人科学家。这是中国医学界迄今为止获得的最高荣誉，也是中医药成果获得的最高荣誉。

诺贝尔生理学或医学奖揭晓时，85 岁的屠呦呦正坐在家里看电视，她从节目中得知自己获奖，"没什么特别的感觉，有些意外，但也不是很意外，"屠呦呦语气平静，"这不是我一个人的荣誉，是中国全体科学家的荣誉。"[①] 寥寥数语，彰显了一位中国科学家的精神气度。

1930 年 12 月，屠呦呦出生于浙江省宁波市。父亲摘引《诗经》中"呦呦鹿鸣，食野之苹"的名句，为她取名"呦呦"，意为鹿鸣之声。也许命

---

① 《屠呦呦接受专访：获诺奖有些意外但也不是很意外》，马丽，《人民日报》，2015 年 10 月 6 日。

中注定她会与祖国传统文化发生重要关系。1951年屠呦呦考入北京医学院药学系（现为北京大学药学院）。在那个年代，身为女孩能够接受大学教育，应该是非常幸运的。

1955年屠呦呦进入卫生部中医研究院（现为中国中医科学院）工作。那时中医研究院刚刚成立，条件艰苦，设备奇缺，实验室甚至连基本的通风设施都没有。除了在实验室内"摇瓶子"，屠呦呦还常常顶风冒雨去野外采集样本。凭着这股执着和顽强的劲儿，她先后完成了对中药半边莲及银柴胡的生药学研究，为防治血吸虫病做出了贡献；她还结合历代古籍和各省经验，完成了《中药炮炙经验集成》的主要编著工作。

1967年，一个由全国60多家科研单位、500多名科研人员组成的科研集体悄悄开启了一个特殊的项目，代号"523"。这一项目在研究防治疟疾的新药。因为20世纪60年代的东南亚战场上疟疾疫情严峻，疟原虫已经对一些常用抗疟药产生了抗性。

1969年，年仅39岁的初级研究员屠呦呦以中医研究院科研组组长的身份加入"523"项目。她遵循中央指示，带领团队进行疟疾治疗新药的研究。屠呦呦先从中医古籍的记载入手，在研究设施简陋、信息条件滞后的情况下，她通过翻阅各种中医古籍、走访老中医，甚至连群众来信都不放过等"笨"方法，在2000多种中医药方中整理出了包括青蒿在内的640多种草药药方，编成《抗疟单验方集》，并先后进行近200次实验。可在最初的动物实验中，青蒿的效果并不理想，屠呦呦的寻找之路一度山重水复。

屠呦呦

一天，屠呦呦在翻阅东晋医书《肘后备急方》时，其中一个"治寒热诸疟"的药方引起了屠呦呦的关注，"青蒿一握，以水二升渍，绞取汁，尽服之"。屠呦呦迷茫的心里燃起希望之火。在古方的启发下，屠呦呦又投入到漫长的实验中。

在首轮药物筛选和实验中，青蒿提取物对疟疾的抑制率只有68%，还不及胡椒有效。在其他科研单位汇集到"523"项目办公室的各种实验资料里，青蒿的效果也不是最好的。在第二轮的药物筛选和实验中，青蒿的抗疟效果甚至只有12%左右。因此，在相当长的一段时间里，青蒿一直没有引起研究人员的重视。

而屠呦呦不甘心，她反复思考着：为什么青蒿古方记载的和中药常用的煎熬法不同？

"温度！"这两个字眼如一道闪电划过屠呦呦的脑海。

很有可能在高温的情况下，青蒿的有效成分被破坏掉了。若真如此，以前进行实验的方法都错了。屠呦呦立即改用沸点较低的乙醚进行实验，在 60 摄氏度以下制取青蒿提取物。

在探索提取青蒿的过程中，不断有人离开，又不断有人加入，屠呦呦始终是科研团队中最坚定的那个人，而成功终属于坚定不弃者。1971 年，屠呦呦课题组在第 191 次低沸点实验中发现了抗疟效果为 100% 的青蒿提取物。而青蒿，这种生长于全国各地的常见植物，在一代人锲而不舍的努力下，终于散发出了属于它的独特芬芳。

在得到明确抗疟活性的青蒿乙醚提取物后，屠呦呦课题组开始分离有效单体成分。1972 年 11 月 8 日，屠呦呦课题组最先从青蒿抗疟有效部位中分离提纯得到抗疟有效单体——青蒿素。

屠呦呦团队率先对青蒿素做了临床试验。1973 年秋，由中药研究所派人携带青蒿素单体赴海南疟区进行临床试验，证实了青蒿素即为青蒿抗疟的有效成分。青蒿素的发现，标志着人类抗疟历史步入新纪元。后在"523"项目办公室的安排下，屠呦呦进行了详细的研究进展汇报，促进了全国对青蒿素的协作研究。

1978 年，屠呦呦领导的中医研究院中药研究所"523"研究组在全国科学大会上受到表彰。1979 年，"抗疟新药青蒿素"获得国家发明奖二等奖。1981 年 10 月世界卫生组织致函中国卫生部，提议在中国北京召开青蒿素国际会议，由此"抗疟新药青蒿素"为世界熟悉和认可。1986 年，中国中医研究院中药研究所获得自我国新药审批办法实施以来的第一个一类新药的《新药证书》[(86) 卫药证字 X-01 号]——青蒿素。

2015 年 12 月世界卫生组织报告显示，全球约有 32 亿人面临疟疾风险。2015 年全球共有 2.14 亿疟疾新病例，大约 43.8 万人死于疟疾。青蒿素的发现治疗了世界上约 70% 的疟疾患者，挽救了全球尤其发展中国家多达数百万人的生命。

2015 年 12 月 25 日，国际天文学联合会小行星中心发布公报，将第 31230 号小行星永久命名为"屠呦呦星"。

青蒿素具有速效和低毒的特点，曾被世界卫生组织称作是"世界上唯一有效的疟疾治疗药物"，它也是当时唯一一个由中国人研制的化学一类药物。改革开放后，随着人们专利意识的不断增强，有人提议，青蒿素对世界的影响如此大，应该像青霉素一样申请诺贝尔奖。

不过这样问题又来了。

诺贝尔奖的单个奖项最多可以有三个人并列申请，不授予集体，但当时参加"523"项目的相关专家多达数百人，所以青蒿素第一次申报诺贝尔奖的报告就被诺贝尔奖评审委员会退回了。后来经过"523"项目组内的整体讨论，选出了对青蒿素研究做出重大贡献的四个人，他们分别是：屠呦呦、滕翕和、邓蓉仙和李国桥教授。项目组以四人并列重新向诺贝尔奖评审委员会申报，结果由于不符合要求被退回。不然，也许 20 世纪 80 年代我国在诺贝尔自然科学奖上就有零的突破了。

接下来的许多年里，这四位分别多次申报院士，结果都未获成功。2011 年，素有"美国医药届诺贝尔奖"称号的拉斯克奖评审委员会来到中国了解青蒿素发明者的情况。拉斯克奖评审委员会特别向候选人们提出了一个问题：你认为还有谁应该获奖？候选人多不约而同地提到了屠呦呦。于是，这一年的拉斯克奖授予了屠呦呦。

青蒿，一种寻常的植物，生长在祖国广袤的山川田野之间，外表朴实无华，却内蕴治病救人的神力。屠呦呦和她的团队如青蒿一样，大爱无疆，执着奉献，让不同地域、不同种族的人受益于它，重获健康。

已到耄耋之年的屠呦呦提到自己的梦想时，仍铿锵有力地说："我的梦想是用古老的中医药，促进人类健康，让全世界的人们都能享受到它的好处"；"青蒿素是古老中药的真正馈赠。我相信，中国医药将帮助我们战胜危害世界各地人们生命的疾病。"①

---

① 《屠呦呦自述：190 次失败之后的成功》，《成都日报》，2015 年 10 月 5 日。

图书在版编目（CIP）数据

时代的见证者 / 陈润著 . — 杭州：浙江大学出版
社，2019.5
ISBN 978-7-308-19043-5

Ⅰ.① 时… Ⅱ.① 陈… Ⅲ.① 人物－生平事迹－中国
－现代 Ⅳ.①K820.7

中国版本图书馆 CIP 数据核字（2019）第 054173 号

时代的见证者

陈　润　著

策　　划	杭州蓝狮子文化创意股份有限公司	
责任编辑	张一弛	
责任校对	杨利军　黄梦瑶	
封面设计	水玉银文化	
出版发行	浙江大学出版社	
	（杭州市天目山路 148 号　邮政编码 310007）	
	（网址：http://www.zjupress.com）	
排　　版	杭州中大图文设计有限公司	
印　　刷	杭州钱江彩色印务有限公司	
开　　本	710mm×1000mm　1/16	
印　　张	17.5	
字　　数	200 千	
版 印 次	2019 年 5 月第 1 版　2019 年 5 月第 1 次印刷	
书　　号	ISBN 978-7-308-19043-5	
定　　价	52.00 元	